Chocolate para arianos, camarão para taurinos

Sabra Ricci

Chocolate para arianos, camarão para taurinos

Receitas para cada signo do zodíaco

Tradução
Fal Azevedo

1ª edição

Rio de Janeiro-RJ / Campinas-SP, 2014

Editora: Raïssa Castro
Coordenadora editorial: Ana Paula Gomes
Copidesque: Anna Carolina G. de Souza
Revisão: Cleide Salme
Capa e projeto gráfico: André S. Tavares da Silva

Título original: *Lobster for Leos, Cookies for Capricorns:*
An Astrology Lover's Cookbook

ISBN: 978-85-7686-288-8

Copyright © Sabra Ricci, 2011
Todos os direitos reservados.

Tradução © Verus Editora, 2014
Direitos reservados em língua portuguesa, no Brasil, por Verus Editora. Nenhuma parte desta obra pode ser reproduzida ou transmitida por qualquer forma e/ou quaisquer meios (eletrônico ou mecânico, incluindo fotocópia e gravação) ou arquivada em qualquer sistema ou banco de dados sem permissão escrita da editora.

Verus Editora Ltda.
Rua Benedicto Aristides Ribeiro, 41, Jd. Santa Genebra II, Campinas/SP, 13084-753
Fone/Fax: (19) 3249-0001 | www.veruseditora.com.br

CIP-BRASIL. CATALOGAÇÃO NA FONTE
SINDICATO NACIONAL DOS EDITORES DE LIVROS, RJ

R379c

Ricci, Sabra
  Chocolate para arianos, camarão para taurinos : receitas para cada signo do zodíaco / Sabra Ricci ; tradução Fal Azevedo. - 1. ed. - Campinas, SP : Verus, 2014.
  21 cm.

  Tradução de: Lobster for Leos, Cookies for Capricorns: An Astrology Lover's Cookbook
  Inclui índice
  ISBN 978-85-7686-288-8

  1. Culinária - Receitas. 2. Astrologia. I. Título.

| 13-07354 | CDD: 641.5 |
| | CDU: 641.5 |

Revisado conforme o novo acordo ortográfico

Para Alexandra Marie

Agradecimentos

Este livro foi um ato de amor que combinou duas eternas paixões: astrologia e comida. Primeiramente, e acima de tudo, gostaria de agradecer à minha mãe, Elizabeth, pelo apoio inabalável e incentivo, pelos incansáveis feedbacks e contribuições. Ao meu marido, Ferenc, pelo amor, paciência e confiança permanente. À minha filha, Ally, por me encorajar, servir de cobaia e ser a melhor criança que uma mãe poderia desejar. A Shannon, minha irmã, amiga e confidente; seu entusiasmo, otimismo e palavras de apoio trouxeram luz infinita à minha vida. A meu avô George, por me apresentar à magia da comida e por me ensinar, quando eu ainda era muito jovem, que você sempre será amado se conseguir alimentar as pessoas. Sinto saudades, vovô! À minha adorável família italiana, por transmitir a paixão pela culinária, entregando as receitas de família, e, acima de tudo, pelos bons momentos na cozinha e lembranças que guardarei para sempre no coração. Amo todos vocês!

Agradecimentos especiais à minha agente literária, Susan Crawford, e à minha editora da Thomas Dunne Books, Marcia

Markland, por acreditar em mim e neste projeto e por me dar a chance de dividir aquilo que amo. A todos da Thomas Dunne Books e da St. Martin's Press, por me ajudarem a tornar este livro realidade. Minha mais sincera gratidão a Jenny McCarthy, pelo ótimo conselho e por ser tamanha inspiração. Obrigada a Elizabeth Ricci Souza e Jennifer Ricci por aparecerem no último minuto com seus desenhos criativos e originais, usados na edição americana.

Agradeço a Irene Aroner e a todos da Tropical Villa Vacations. Seu apoio constante me trouxe onde estou hoje. A Robin Layton, o fotógrafo mais talentoso que conheço. A Terri Trespicio, pela franqueza inacreditável, pelo olhar meticuloso para detalhes e ajuda em dar forma a este livro em sua concepção. Você é uma preciosidade! A meu astrólogo e amigo da vida toda, James (Dharman) Reed, você é um grande professor e me orientou corretamente. A meus amigos, Michele Gan, Dyanna Smith, Kim Wilson, Eden DuCrest e à minha tia Kathy, todos vocês me inspiram a ser o meu melhor. Vocês são meus tesouros.

Por fim, mas não menos importante, a todos os meus clientes fiéis e solidários, que me motivam a fazer o que faço e a fazer com que cada dia seja cheio de diversão e aventura. Tem sido uma jornada incrível!

Sumário

Prefácio	15
Introdução	19
Orientações e definições astrológicas	23

1 ★ ÁRIES — 29

* Vitamina de açaí — 35
* Cookies de chocolate com nibs de cacau — 36
* Filés ao café Kona com vinagrete, coentro e limão — 37
* Homus de coração de alcachofra — 39
* Crème brûlée de matcha — 40
* Costeleta de cordeiro em crosta de alecrim — 41
* Salmão selvagem em tábua de cedro com molho de milho e abacate — 42
* Camarão com nozes caramelizadas — 43

2 ★ TOURO — 46

* Salada de repolho e alga arame com vinagrete de gengibre e gergelim — 52
* Pão de abobrinha com castanhas-do-pará tostadas — 53

* Pot de crème butterscotch com sal marinho Celtic 54
* Filés de onaga em crosta de coco (crosta havaiana)
com molho de goiaba 56
* Risoto de cogumelo selvagem 57
* Camarão apimentado com miolo de alface-romana
e molho cremoso de abacate 59
* Salada quente de acelga, cogumelos portobello
e panceta 61
* Pilafe de arroz selvagem e abóbora 63

3 * GÊMEOS 65
* Couves-de-bruxelas marinadas e assadas 71
* Ragu de feijão-branco com camarão grelhado
com alecrim 72
* Dourado grelhado com bechamel de gengibre e laranja 74
* Salada de melão cantaloupe, tomate e manjericão
com queijo feta 75
* Panquecas de fubá com mirtilos e creme azedo 76
* Salada de tomate e pepino com orégano fresco 78
* Panna cotta com purê de framboesa 79
* Frango à milanesa em crosta de orégano 80

4 * CÂNCER 82
* Salada fria de macarrão soba com tofu
e vinagrete de gergelim 88
* Martíni de gengibre, abacaxi e chá-verde 89
* Salada de raspas de erva-doce, laranja sanguínea
e baby rúcula 90
* Fritada de alho-poró, batata, cogumelos selvagens
e queijo fontina 91

* Frango teriyaki grelhado com molho de abacaxi
  com manga 92
* Salada de rabanete, tomate e alface-americana
  com camarões e queijo azul 94
* Carpaccio de beterraba e agrião com vinagrete de xerez 95
* Melancia com raspas de cebola maui e limão 96

5 ★ LEÃO 98
* Tartare de atum-amarelo sobre wonton
  com crème fraîche de wasabi e ovas de peixe-voador 104
* Bolo de amêndoas com peras caramelizadas
  e mascarpone 106
* Polenta cremosa com ragu de feijão-preto 108
* Macarrão penne com queijo e lagosta 110
* Pargo-rosa recheado com caranguejo
  ao molho bordelaise de lagosta 111
* Vieiras com manteiga de açafrão 113
* Papaia recheado com ceviche de camarão 115
* Napoleon de tomate e muçarela de búfala 116

6 ★ VIRGEM 118
* Acelga chinesa refogada com
  pimentões vermelhos e shimeji-preto 124
* Macarrão orecchiette com brócolis e pecorino 125
* Contrafilé grelhado com cogumelos portobello
  e molho de raiz-forte 126
* Lentilhas verdes e ensopado de legumes assados 128
* Biscoitos de lavanda e raspas de limão 129
* Cupcakes de abóbora e especiarias com
  cobertura de cream cheese e gengibre caramelizado 131

* Sopa de ervilha seca com panceta assada — 132
* Peito de peru assado com tomilho-limão e abóbora-menina — 133

7 * LIBRA — 136

* Burrata quente sobre assado de tomates e manjericão com molho de azeite de oliva e balsâmico — 141
* Couve-flor e cebola maui gratinadas com queijo gouda defumado — 143
* Salada de cereja grelhada e rúcula com queijo cambozola — 144
* Scones de oxicoco e pistache — 145
* Purê de batatas e alho assado com cebolas caramelizadas e bacon — 146
* Sopa cremosa de cebola — 148
* Fusilli com molho cremoso de pimentão assado e linguiça italiana — 149
* Camarão em crosta de coco e macadâmia com molho rosé e maracujá — 151

8 * ESCORPIÃO — 152

* Aspargos grelhados com azeite de trufas negras — 158
* Caviar festivo para dois — 159
* Creme de chocolate ao rum — 161
* Enrolados de figo e panceta com gorgonzola — 162
* Biscoitos amanteigados de gengibre e chocolate — 163
* Espetinhos de frango ao mel à moda asiática — 164
* Ostras em meia concha com molho mignonette — 165
* Cupcakes de morango e pétalas de rosas com cobertura cremosa de manteiga — 167

9 ★ SAGITÁRIO — 170

* Maçã crocante à moda — 176
* Guacamole de lagosta — 177
* Salada quente de beterrabas baby sobre
  cogumelos portobello grelhados e brie — 178
* Cobertura de canela — 180
* Biscoitos de coco com cobertura de chocolate — 180
* Linguado em crosta de pesto com tomate, azeitona
  e picles de alcaparra — 182
* Risoto de orzo com limão meyer — 183
* Macarrão arrabbiata com camarão, rúcula
  e grana padano — 184

10 ★ CAPRICÓRNIO — 187

* Pão de banana da Madelyn — 193
* Rolinhos primavera de frango e repolho
  com vinagrete de gengibre e pimenta — 194
* Lombo de porco assado com maçãs cozidas e cravos — 196
* Biscoitos de melado — 197
* Muffins de abóbora com sementes — 198
* Fritada de espinafre e queijo feta — 199
* Tofu frito puxado no alho — 201
* Arroz butanês (arroz vermelho) — 202

11 ★ AQUÁRIO — 203

* Frigideira de robalo marinado no missô — 209
* Muffins de mirtilo com geleia de limão — 210
* Sopa cremosa de cenoura e coco — 211
* Mix de nozes com pimenta-de-caiena — 212
* Frango katsu — 213

* Batatas-doces Molokai defumadas — 215
* Palmitos com queijo azul e bacon — 215
* Torta mousse de pistache — 217

12 ★ PEIXES — 218

* Pão de milho e queijo picante — 224
* Bolinhos de caranguejo com julienne de manga
  e aioli de pimentão vermelho — 225
* Pernil de cordeiro em crosta de ervas — 227
* Batatas assadas com cipollini e cominho — 228
* Molho tzatziki — 229
* Chili de feijão-branco com chipotle e frango grelhado — 230
* Cupcakes de buttermilk com
  creme de xarope de bordo e bacon — 231
* Biscoitos de aveia com cerejas secas
  e chips de chocolate branco — 233

Índice — 235

Prefácio

A frase "Siga as estrelas" sempre teve dois significados para mim — o primeiro era ir para Hollywood. O segundo, encontrar um sentido mais profundo na vida por meio da astrologia. Tornei--me entusiasta por entender meu destino e buscar a orientação de astrólogos e aprender a usar datas e influências celestes para melhorar minha qualidade de vida. Sendo escorpiana, bem, tendemos a ter muitos segredos. Também aprendi que, nesse negócio, quanto menos escondemos, mais autênticos podemos ser. É por isso que, quando Sabra me pediu para compartilhar nossas experiências em um livro mágico que combinasse astrologia e culinária, fiquei mais do que feliz em aceitar.

Conheci Sabra quando viajei de férias para Maui há cinco anos. Depois de preparar uma de suas refeições insanamente deliciosas, ela se sentou comigo para falar sobre meu mapa astral. Mesmo que as pessoas possam desconfiar de que seja fácil adivinhar o mapa astral de uma celebridade, dizendo coisas como "Você ama estar no palco", Sabra não adivinha ou sequer se preocupa em dizer coisas assim. Ela mergulhou a fundo, para além

16 ✳ Receitas dos astros

das costumeiras bobagens superficiais, deu uma olhada em minha alma, em segredos íntimos, e me apontou a direção certa. Então, começou a me falar sobre como meu destino está relacionado com o de meu filho, Evan, e com a saúde infantil. Ela também disse que, como meu ascendente é aquário, eu surpreenderia muitas pessoas com o quanto sou de fato inteligente. Eu ri. Sabra também. Ela ficou surpresa ao descobrir isso sobre mim, porque ela só me via como a engraçada, aquela que faz o grupo rir o tempo todo. Ela ficou olhando para o mapa para se certificar de que ele era exato.

Disse a ela que minha imagem aos olhos dos outros provavelmente mudaria em poucos meses (isso foi antes de eu tornar público o autismo de Evan). Ela concordou com a cabeça e disse: "Sim, você está prestes a encontrar seu poder com esse ascendente em aquário. As pessoas vão olhar para você de uma maneira muito diferente a partir de então". Sorri e me senti aliviada; eu sabia que em alguns meses iria pela primeira vez ao programa *Oprah* para dividir minha história sobre ajudar meu filho a se recuperar do autismo. Eu esperava que o mundo me levasse a sério, e ter essa confirmação com a leitura de Sabra me fez sentir confiante de que minha mensagem seria ouvida.

A comida estava destinada a desempenhar grande papel em minha vida. Sempre houve problemas digestivos em minha família, e durante minha vida toda tenho lutado para me manter saudável. O tempo todo, eu tinha a sensação de que havia mais respostas para isso. Então veio meu filho, Evan. Assim, quando Sabra disse que meu destino tinha a ver com o do meu filho e com saúde, eu soube que ela estava certa.

Eu falei sobre Evan ter sido diagnosticado com autismo; foi devastador, mas ao mesmo tempo me levou a concentrar toda a minha energia na pesquisa que, por fim, o ajudou a se recuperar. Aprendi como os alimentos que ele ingeria alteravam seu comportamento, e fiquei surpresa com a quantidade de estudos que comprovavam isso — o que consumimos pode provocar alterações de humor, cansaço, depressão e nos manter afastados da vitalidade e da alegria que merecemos. Uma vez que de fato entendi como comer de acordo com as minhas necessidades individuais, minha mente se tornou mais clara e passei a ter mais energia. Mas os alimentos corretos nem sempre têm o gosto certo. Quer dizer, claro que frutas, vegetais e carne são bons, mas eu ansiava por aquela sensação orgástica de uma refeição incrível ativando cada uma de minhas papilas gustativas e derretendo na boca. A maioria das mulheres concordaria que uma mordida em um bolo de chocolate por vezes as excita mais do que o próprio marido na cama! *Todas* as refeições de Sabra têm sido capazes de fazer isso por mim.

Tenho certeza de que você já ouviu o ditado "Você é o que come", mas acho que deveria ser mudado para "Nós *sentimos* o que comemos". A paixão de Sabra Ricci por cozinhar para as estrelas de Hollywood e sua constante fascinação por astrologia estão reunidas em seu livro de culinária realmente extraordinário!

Jenny McCarthy

Introdução

Algumas de minhas memórias mais queridas são baseadas na comida, assim como acontece com você, posso apostar. Minha refeição favorita era o café da manhã de domingo na casa de meus avós em Sacramento, na Califórnia. Tínhamos banquetes com batatas fritas caseiras, presunto defumado, bacon curado com xarope de bordo e ovos preparados na hora, depois nos sentávamos por perto, rindo e conversando. Inevitavelmente, meu avô George pegava um jornal e lia nosso "horóscopo terrível". Como nós dois éramos escorpianos, ele anunciava se teríamos boas notícias ou se era melhor voltar para a cama! Assim nascia a ligação entre comida e astrologia.

Meu avô George era também um chef experimental e entusiasta — o que inspirou minha carreira desde a mais tenra idade. Ele passava horas assistindo a *The Galloping Gourmet* e depois corria para a cozinha para reproduzir ou, em alguns casos, reinventar o que acabara de ver. Seja preparando a própria linguiça, defumando carnes ou criando pães originais recheados com queijo e salame, ele era um pioneiro em meu mundo. Até hoje, em todas as minhas viagens, nunca provei uma lasanha que pudesse se comparar à do meu avô.

No entanto, meu interesse em astrologia foi além do horóscopo de domingo. Durante a adolescência, guardei todo o dinheiro da mesada para comprar livros sobre o assunto. Passei a vê-la como uma ferramenta indispensável para a compreensão da condição humana — na verdade, quando conheço alguém, é claro que sempre pergunto sua data de nascimento.

O terceiro componente da minha trilogia de paixões, incluindo a comida e a astrologia, é o entretenimento. Desde que minha mãe me vestiu com minhas roupas de "menina crescida" (terninho xadrez, sapatos Mary Janes e luvas) para ir ver *A garota genial* no Teatro Alhambra, fui fisgada — pelo brilho, pelo glamour, pela emoção. Eu não queria apenas *ver* Barbra Streisand; eu queria *ser* Barbra Streisand.

Mas foi minha paixão pela comida e por cozinhar que no fim das contas me levou à escola de culinária, onde aperfeiçoei minhas habilidades na cozinha e desenvolvi minha *persona* midiática. Eu agora vivo em Maui e tenho tido o privilégio de trabalhar com alguns dos maiores nomes da indústria do entretenimento, o que tem sido um sonho transformado em realidade. Embora eu possa não ter me tornado a próxima Barbra Streisand, nunca se sabe — Barbra pode precisar de uma chef particular um dia!

Chocolate para arianos, camarão para taurinos foi de muitas formas um trabalho de amor — um amor não só por cozinhar, mas por comida, por saúde, astrologia e entretenimento. Eu o elaborei de acordo com cada um dos doze signos do zodíaco, incorporando os alimentos bons para a saúde da parte do corpo regida por cada signo; por exemplo, gêmeos rege os pulmões, leão rege o coração e libra rege os rins. No entanto, isso não significa que apenas um capítulo se aplica a você — de forma alguma! Você pode consultar o de cada signo astrológico de acordo com o tipo de prato que deseja preparar, as áreas em desequilíbrio que deseja contemplar, a época do ano, ou o estado de espírito que deseja criar.

Por fim, este livro tem pouco a ver com o controle de seu peso. Não é minha intenção dizer o que você deve ou não comer, e sim presenteá-lo com um leque de opções para se alimentar de maneira natural, saudável, de acordo com as estações do ano e com os astros. Você certamente não tem de ser um especialista em astrologia para apreciar o livro ou as receitas. A única coisa de que precisa é da paixão pela boa comida e de um senso de aventura. O resto, como dizem, é a cereja do bolo.

Um brinde à sua saúde, a seus bons amigos e às refeições deliciosas que estão por vir.

Muito *aloha*,

Sabra Ricci

Orientações e definições astrológicas

Há chances de você conhecer seu signo solar e provavelmente de já ter lido seu horóscopo muitas vezes. Talvez você tenha um mapa astral feito por alguém ou o tenha feito por conta própria por meio de um software online. E, se você tiver realmente sorte, o seu mapa foi interpretado por um astrólogo profissional.

Muitos consideram a astrologia um entretenimento. Outros a comparam a uma espécie de enganação, sem nenhum significado real. E há ainda aqueles que ficam assombrados ou até mesmo a veem como uma arte obscura baseada na superstição. Na realidade, nada poderia estar mais distante da verdade. A astrologia é uma ciência — antiga, datando talvez de 2300 a.c.

A astrologia é uma ciência de cálculos matemáticos que usa símbolos e foi utilizada por civilizações antigas — babilônica, grega e egípcia, para citar algumas. Os símbolos têm a capacidade de comunicar um nível de significado adaptado ao grau de compreensão do observador. É por isso que ela era tão valiosa em tempos antigos. A astrologia era respeitada e pratica-

24 * *Receitas dos astros*

da por grandes nomes, tais como Sócrates, Aristóteles, Pitágoras, Nostradamus e Isaac Newton.

Nos anos 1500, a astrologia foi denunciada pela Igreja. Caiu ainda mais no ostracismo durante o Iluminismo, no século XVIII. Embora ainda houvessem praticantes ao longo dos séculos seguintes, seu ressurgimento se deu na década de 1960, com a Era de Ouro de Aquário e a ascensão dos hippies.

O interesse pelo oculto, pelas ciências psíquicas e pela metafísica logo trouxe a astrologia de volta ao primeiro plano. O advento do computador e de softwares astrológicos, décadas depois, tornou possível para qualquer um com um computador e um pouco de conhecimento astrológico dar consultas. Mas um verdadeiro astrólogo profissional deve ter estudado por muitos anos a fim de aperfeiçoar seu ofício. Muitos dos melhores astrólogos atuais ainda preferem usar cálculos matemáticos manuais para elaborar seus mapas, uma vez que cada mapa e cada indivíduo são únicos e especiais. A recriação de um mapa de nascimento exato em todos as formas só pode acontecer depois de um período de 23 mil anos.

DATAS ASTROLÓGICAS

Áries: 21 de março a 20 de abril
Touro: 21 de abril a 20 de maio
Gêmeos: 21 de maio a 20 de junho
Câncer: 21 de junho a 21 de julho
Leão: 22 de julho a 22 de agosto
Virgem: 23 de agosto a 22 de setembro
Libra: 23 de setembro a 22 de outubro

Escorpião: 23 de outubro a 21 de novembro
Sagitário: 22 de novembro a 21 de dezembro
Capricórnio: 22 de dezembro a 20 de janeiro
Aquário: 21 de janeiro a 19 de fevereiro
Peixes: 20 de fevereiro a 20 de março

Orientações e definições astrológicas ＊ 25

CARACTERÍSTICAS ASTROLÓGICAS

SIGNO	REGENTE	ENERGIA	ELEMENTO/ TRIPLICIDADE	QUALIDADE/ QUADRUPLICIDADE
Áries	Marte	Positiva	Fogo	Cardinal
Touro	Vênus	Negativa	Terra	Fixo
Gêmeos	Mercúrio	Positiva	Ar	Mutável
Câncer	Lua	Negativa	Água	Cardinal
Leão	Sol	Positiva	Fogo	Fixo
Virgem	Mercúrio	Negativa	Terra	Mutável
Libra	Vênus	Positiva	Ar	Cardinal
Escorpião	Plutão	Negativa	Água	Fixo
Sagitário	Júpiter	Positiva	Fogo	Mutável
Capricórnio	Saturno	Negativa	Terra	Cardinal
Aquário	Urano	Positiva	Ar	Fixo
Peixes	Netuno	Negativa	Água	Mutável

REGENTE

O regente é o planeta que rege ou comanda o signo. Os planetas regentes representam a manifestação do que significa o signo em sua forma mais pura.

ENERGIA

Positiva (também chamada de masculina) e negativa (também chamada de feminina) não se referem a "bom" ou "mau", mas aos tipos de energias associadas a cada signo. "Positiva" significa energia ativa, e "negativa", passiva ou receptora. Os signos

26 ✳ *Receitas dos astros*

positivos do zodíaco são ativos, extrovertidos e despreocupados. Os signos negativos são complacentes, reservados e introvertidos.

ELEMENTO/TRIPLICIDADE

Elementos são características do comportamento do indivíduo.

Fogo. O elemento fogo é entusiástico, intuitivo e apaixonado. O fogo rege o instinto, é dramático e tem a habilidade de liderar. Os três signos sob esse elemento, áries, leão e sagitário, compartilham aspectos dessas características. São brilhantes como o elemento que os rege.

Terra. O elemento terra é determinado, calmo e "terreno". Terra é sensual, prático e pode ser viciado em trabalho. Os três signos sob o elemento terra, touro, virgem e capricórnio, exibem tais características e também são "pé no chão".

Ar. O elemento ar é intelectual, crítico e flexível. Ar é desapegado, calmo e pode parecer distante. Os três signos sob esse elemento, gêmeos, libra e aquário, são comunicadores habilidosos e muito sociais.

Água. O elemento água é sensível, emocional e tem a capacidade de "ler" as pessoas. A água sente em vez de pensar e tem habilidades de cura. Os três signos sob esse elemento, câncer, escorpião e peixes, possuem tais características e também são protetores.

Orientações e definições astrológicas * 27

QUALIDADE/QUADRUPLICIDADE

Qualidades representam períodos de tempo ou atividades.

Cardinal. Os signos cardinais representam o começo, como o início de uma estação. Aliás, os quatro signos cardinais têm início nos primeiros dias das estações do ano. Eles iniciam coisas e se colocam em movimento. Têm uma enorme vitalidade.

Fixos. Os signos fixos representam o meio, firme e imutável. O mês que corresponde à metade da estação está bem estabelecido. Você pode contar com o fato de que o meio do verão será quente, o meio do inverno será frio e assim por diante. Os quatro signos fixos, touro, leão, escorpião e aquário, são firmes, resilientes e confiáveis. Todos eles têm grande força de vontade e natureza terrena.

Mutáveis. Os signos mutáveis representam a natureza dualista e a adaptabilidade. O fim da estação é flexível, já avançando rumo ao começo seguinte. Experimentamos mudanças na temperatura diária, conforme a estação se prepara para terminar. Os quatro signos mutáveis, gêmeos, virgem, sagitário e peixes, são dualistas, mutáveis e conseguem se adaptar a todas as circunstâncias que a vida tem para oferecer.

Esses são apenas alguns dos princípios básicos da astrologia. Muitos livros foram escritos sobre o assunto e garanto que haverá muitos outros.

Áries

21 de março a 20 de abril

ALIMENTOS PARA O CÉREBRO

Todos estes alimentos foram cuidadosamente selecionados para as pessoas do signo de áries, uma vez que esse signo rege o cérebro. Áries é o bebê do zodíaco e, como qualquer bebê, absorve informação como uma esponja devido à sua curiosidade inata. Os nascidos sob esse signo são como o coelhinho da Duracell, constantemente em movimento. Sempre que tiver de iniciar um projeto, o ariano é a pessoa certa para ajudar.

Símbolo: carneiro
Planeta regente: Marte
Parte do corpo regida: cérebro
Casa regida no zodíaco:
    primeira, a casa da personalidade, da aparência física, de como os outros veem você

Elemento: fogo
Cor: vermelho
Pedra: diamante
Frase-síntese: eu sou
Característica pessoal: coragem
Qualidade: cardinal

Á ries é o primeiro signo do zodíaco e isso o torna o mais infantil, extrovertido e brincalhão de todos. Alguns dos melhores alimentos para os arianos são aqueles que vão manter na linha seu comportamento ousado para que sua criatividade possa brilhar. Áries lidera o caminho para todos os outros signos. Assim como o cérebro exerce domínio sobre todas as outras partes do corpo, áries deseja exercer seu domínio sobre os outros signos, e os arianos podem fazer birra como crianças petulantes quando ninguém presta atenção neles ou os ouve. Mas isso é apenas parte do charme do ariano, que, quando ativado, pode fazer as outras pessoas de gato e sapato.

ÁRIES NA COZINHA

Os nativos de áries são exuberantes em todas as áreas da vida, o que transborda em seu amor pela boa comida. Como uma criança que vasculha sua caixa repleta de brinquedos, se divertindo um pouco com cada um e depois os deixando de lado até que o ambiente pareça ter sido atingido por um furacão, o ariano pode fazer o mesmo com a cozinha. É provável que todas as tigelas e panelas sejam retiradas dos armários e todos os utensílios das gavetas, que ficarão vazias. Na verdade, quanto mais utilitária for a cozinha, melhor para os arianos, pois sua curiosidade não será saciada até que experimentem o mais recente utensílio no preparo do jantar. Áries tem enormes habilidades exploradoras e ama as novidades disponíveis na cozinha de casa. Eles só precisam do tempo necessário para ler todas as instruções e se familiarizar com os recursos antes de se lançar na produção daquele jantar especial para seus vinte amigos mais próximos.

O ariano tem grande criatividade e é capaz de planejar a festa mais bem-sucedida, mas pode precisar de uma brigada francesa para chegar ao resultado. É bom para o "chef" de áries ter um "sous-chef", se possível, já que os arianos podem se distrair facilmente quando há muita coisa acontecendo ao mesmo tempo ao redor deles. Com a ajuda de alguém com boa capacidade de organização para realizar o trabalho de preparação, limpeza e colocar todos os utensílios utilizados no lugar, o ariano vai dar o seu melhor. Ou, já que são ótimos para iniciar projetos e contagiar os outros, podem criar o cardápio, supervisionar o processo de preparação e levar o crédito pelo resultado. Mas o ariano que é um sério amante da culinária pode ainda desejar adquirir algumas das habilidades dos chefs profissionais do mesmo signo, como Cat Cora e Ming Tsai.

Como anfitriã/anfitrião, o ariano servirá refeições com um toque exótico, que rememoram as terras distantes de seus livros de histórias infantis. E eles *amam* temperos! Mas não se preocupe, isso não vai escalpelar você, será apenas o suficiente para prender sua atenção. Apesar de os arianos poderem ser um pouco rebeldes, é apenas um meio de chamar a atenção e obter aprovação. Eles certamente vão querer sua aprovação em relação à comida e vão se deleitar com os elogios. Caso você fique desapontado com o cardápio, o anfitrião/anfitriã de áries ficará tão envergonhado quanto uma criança que comete um erro na frente de todos os colegas de classe. Mas rapidamente ele vai se recuperar, servir a sobremesa e divertir seus amigos ecléticos com seu humor afiado.

CONVIDADOS DE ÁRIES

Como convidados, os arianos são sociáveis e vão animar o jantar com sua habilidade verbal. Eles podem ser engraçados, e apreciam se socializar com outras pessoas. Também gostam de atenção, então você não vai ver nenhum de seus convidados de áries sentado em um canto como alguém invisível. Em vez disso, estarão ávidos por envolver seus convidados e manter a conversa fluindo.

Certifique-se de ter aperitivos prontos quando os convidados arianos chegarem com seu apetite voraz. Com uma natureza ardente que facilmente esgota a energia, eles podem chegar famintos à sua porta. Alguns aperitivos os manterão satisfeitos até o jantar ser servido e despertarão seu interesse para o que está por vir.

Arianos se deliciam ao extremo, então apreciarão uma mesa bem disposta. Nesse sentido, lance mão de sua bela porcelana, aquela que você só usa em ocasiões especiais. Vermelho-vivo e escarlate são duas cores que áries adora, então sinta-se livre para usar qualquer uma delas na decoração da mesa, nos guardanapos, na toalha, ou nas flores. Certifique-se de ter muitas velas, quanto mais melhor, afinal de contas eles são cardinais e seu elemento é o fogo!

Não tenha medo de provocar um incêndio; lembre-se de que esses nativos são destemidos e criativos. Eles farão todos sair, se preciso, para evitar uma tragédia, vão resgatar a comida, recolher a toalha da mesa e a estender sobre o gramado, e seu jantar vai continuar enquanto vocês aguardam a chegada do corpo de bombeiros!

PRINCIPAIS ALIMENTOS
PARA O CÉREBRO DE ÁRIES

Todos estes alimentos são ótimos para áries e para o cérebro, mas todos os signos se beneficiarão de suas propriedades.

Açaí. Essa fruta excepcional tem os mesmos antioxidantes e vitaminas que amoras e mirtilos, mas também conta com proteínas e ômega 3, o que a torna excelente para manter o cérebro afiado e de rápido raciocínio do ariano. O açaí rapidamente foi declarado um superalimento, ótimo para auxiliar a "superexuberância" comum aos arianos, que muitas vezes os deixa em apuros quando falam mais do que deveriam.

Alcachofra. Esse vegetal em forma de flor de lótus é rico em luteolina, que inibe a inflamação cerebral, interrompendo a liberação da substância química responsável pelo processo de envelhecimento desse órgão. Essa propriedade da alcachofra pode manter o cérebro do ariano tão jovial quanto sua aparência e comportamento quando ele chegar aos oitenta anos. Obviamente, esperamos que sua agitação se encontre um pouco atenuada e que não esteja mais dando pulos para ser notado.

Chocolate. Os antioxidantes contidos no chocolate preto protegem o cérebro. Cerca de 30 g por dia é suficiente para melhorar a concentração e a atenção em decorrência das substâncias estimulantes naturais desse alimento e do aumento das endorfinas. Isso com certeza vai ajudar áries a ficar focado enquanto vive intensamente, mesmo que nem todos concordem que ele esteja no caminho certo. Os arianos são líderes natos, mas mar-

34 * *Receitas dos astros*

cham de acordo com seu próprio ritmo, independentemente de outros optarem por segui-los ou não.

Café. Beber café regularmente de fato pode ajudar a conter a perda de faculdades mentais e diminuir o risco de desenvolver doença de Alzheimer, demência e outros problemas mentais que têm a ver com a idade. É claro que nenhum signo deve exagerar no consumo dessa bebida, sobretudo o hiperativo áries, pois ele precisa dar à sua mente superativa um descanso de vez em quando. Mas não há nada como uma boa xícara de café para auxiliar um ariano quando ele está a todo vapor em busca de sua próxima conquista, deixando subordinados a cargo de encerrar os últimos projetos inacabados.

Matcha. Esse pó extraído de folhas do chá Gyokuro (um tipo de chá-verde) contém antioxidantes em uma concentração 33 vezes maior do que a dos mirtilos. O que mais você poderia desejar para proteger o cérebro? E, ao contrário de outros chás, as folhas não são descartadas, então o ariano contará com o total impacto da bebida. O matcha é uma maravilhosa fonte do aminoácido L-teanina, responsável pelo mesmo efeito de acalmar a mente que os monges zen-budistas alcançam após meditar por anos, tornando-se uma espécie de tranquilizante imediato para áries.

Alecrim. Essa erva, tanto antioxidante quanto anti-inflamatória, é conhecida por ampliar o funcionamento do cérebro. É uma opção natural para prevenir os efeitos do excesso de pensamento do ariano. Ou para aqueles momentos em que áries tem de pensar muito bem antes de deixar escapar o que brota em sua mente por conta de sua empolgação infantil. Para a acuidade mental, podem adicionar alecrim regularmente à sua dieta e em pratos exóticos.

Nozes. As nozes enrugadas em formato de cérebro são ricas em vitamina E, o que ajuda a diminuir a perda de memória. É chamada de "comida para o cérebro" por alguns, o que pode ter se dado devido à teoria de que, se um alimento se assemelha a uma parte do corpo, deve ser benéfica para ela. Nesse caso, é verdade. Cerca de 30 g por dia é uma ótima quantidade para manter vivas todas aquelas memórias queridas de áries.

Salmão selvagem. A ênfase está em "selvagem" (em oposição ao salmão criado em cativeiro, que é tratado com antibióticos). O salmão selvagem está no topo da lista dos alimentos por ter uma das maiores concentrações de ômega 3, os ácidos graxos essenciais. Isso é vital para o cérebro, composto por pelo menos 60% de tecido adiposo. O que não quer dizer que áries é "cabeça gorda", mas os arianos são conhecidos por pensar muito em si e ter um comportamento meio que baseado na atitude do "eu primeiro", mas, como em qualquer criança, isso pode ser cativante.

✳

Vitamina de açaí
RENDE 2 PORÇÕES

O suco é o modo mais comum de se consumir essa fruta. Vitaminas são fáceis de preparar e ótimas para aquelas manhãs atarefadas em que as pessoas estão com pressa.

36 * *Receitas dos astros*

- ✓ 1 xícara de polpa de açaí
- ✓ 1 banana
- ✓ 1 xícara de iogurte natural (se for intolerante à lactose ou vegano, substitua por iogurte de soja ou leite de amêndoas)
- ✓ ½ xícara de suco de laranja
- ✓ 1 xícara de gelo picado
- ✓ Néctar de agave a gosto

Coloque todos os ingredientes no liquidificador e, usando a opção vitamina, se disponível, bata até ficar homogêneo e cremoso. Se necessário, adicione mais gelo ou água para obter a consistência desejada.

*

Cookies de chocolate com nibs de cacau
RENDE 6 DÚZIAS

Qual a melhor maneira de conseguir uma dose dupla de chocolate? Você pode levar dois cookies em um saquinho para viagem, para dar aquele impulso no cérebro durante a tarde.

- ✓ 16 colheres (sopa) de manteiga em temperatura ambiente
- ✓ ¾ xícara de açúcar mascavo claro
- ✓ ¾ xícara de açúcar cristal
- ✓ 2 ovos grandes
- ✓ 1 colher (chá) de extrato de baunilha
- ✓ 1 colher (chá) de extrato de amêndoa
- ✓ 2¼ xícaras de farinha de trigo
- ✓ ¾ xícara de cacau em pó
- ✓ 1 colher (chá) de bicarbonato de sódio

- ✓ ½ colher (chá) de sal
- ✓ 1 xícara de chocolate meio amargo em pedaços
- ✓ ½ xícara de nibs de cacau
- ✓ ½ xícara de amêndoas picadas em lâminas finas

1. Preaqueça o forno a 180 °C. Na tigela da batedeira, coloque a manteiga, os açúcares, os ovos, a baunilha e o extrato de amêndoas e bata em velocidade média-alta até a mistura ficar leve e fofa.

2. Em uma tigela à parte, misture bem a farinha de trigo peneirada, o cacau em pó, o bicarbonato de sódio e o sal. Adicione essa mistura seca à mistura de manteiga e incorpore bem. Adicione os pedaços de chocolate, os nibs de cacau e as amêndoas.

3. Com o auxílio de uma colher de sorvete, faça bolas de massa e coloque-as em uma forma sem untar. Leve ao forno por 10 a 12 minutos. Deixe esfriar na forma por 2 minutos, antes de transferir para grades para finalizar o resfriamento.

✳

Filés ao café Kona com vinagrete, coentro e limão
RENDE 6 PORÇÕES

Você pode tomar uma xícara de café em qualquer lugar, mas o café Kona do exótico Havaí se presta a algo mais substancial. Não há nada como o sabor deste filé grelhado.

Tempero
- ✓ ¼ xícara de café Kona expresso moído (se não encontrar, substituir por café expresso comum moído)
- ✓ 2 colheres (sopa) de páprica defumada

38 ✳ *Receitas dos astros*

- ✓ 2 colheres (sopa) de açúcar mascavo claro
- ✓ 2 colheres (sopa) de sal marinho havaiano Alaea
- ✓ 2 colheres (sopa) de pimenta-do-reino moída
- ✓ 1 colher (sopa) de pimentão em pó
- ✓ 1 colher (sopa) de alho em pó
- ✓ 1 colher (sopa) de cominho moído
- ✓ 1 colher (sopa) de coentro moído
- ✓ 1 colher (sopa) de orégano moído e torrado
- ✓ 900 g de filés de carne bovina

Vinagrete
- ✓ ½ colher (chá) de gengibre fresco picado
- ✓ ½ colher (chá) de alho fresco picado
- ✓ ½ xícara de folhas de coentro fresco
- ✓ Suco de 2 limões
- ✓ ½ colher (chá) de sal marinho
- ✓ 1 xícara de azeite de oliva

1. Em uma tigela, misture todos os temperos. Se não for usar imediatamente, guarde em um recipiente hermético.
2. Polvilhe a mistura de temperos de maneira uniforme em ambos os lados dos filés e coloque-os em um prato raso. Cubra e leve à geladeira por pelo menos 2 horas ou durante a noite.
3. Adicione o gengibre, o alho, o coentro, o suco de limão e sal no processador de alimentos e bata até obter uma mistura homogênea. Com o processador ligado, adicione o azeite de oliva e bata em velocidade baixa até que o vinagrete emulsifique. Se preferir uma consistência mais líquida, adicione um pouco de água quente.
4. Preaqueça uma grelha a 200 °C. Grelhe a carne por 5 minutos de cada lado para ficar malpassada. Cubra com papel-

Áries ♈ 39

-alumínio e deixe descansar sobre uma tábua por 10 minutos antes de fatiar. Corte em fatias finas num ângulo de 45° em relação ao sentido da fibra. Regue com o vinagrete e sirva.

✳

Homus de coração de alcachofra
RENDE 8 PORÇÕES

Este prato vai direto ao x da questão, sem todas aquelas folhas inconvenientes, possibilitando que você desfrute dos privilégios muito mais rápido.

- ✓ 2 xícaras de coração de alcachofras frescas limpos e cozidos
- ✓ 400 g de feijão-branco em lata escorrido e lavado
- ✓ ½ xícara de pasta de gergelim
- ✓ 3 dentes de alho moídos
- ✓ Suco de 1 a 2 limões
- ✓ 2 colheres (chá) de cominho em pó
- ✓ 1 colher (chá) de sal marinho
- ✓ ⅓ xícara de azeite de oliva extravirgem

1. Adicione as alcachofras, os feijões, a pasta de gergelim, o alho, o suco de limão, o cominho e o sal na tigela do processador de alimentos e misture tudo, adicionando o azeite lentamente, em fio, misturando até a massa ficar homogênea.
2. Prove o homus e ajuste o tempero com suco de limão e sal, se necessário. Sirva o homus com pão sírio e vegetais crus.

✳

Crème brûlée de matcha

RENDE 6 PORÇÕES

Este agrado transforma sua xícara de chá após o jantar e a sobremesa em um prato delicioso.

- ✓ 3 xícaras de creme de leite
- ✓ 1 fava de baunilha cortada ao meio no sentido do comprimento e com as sementes raspadas
- ✓ 5 gemas de ovos grandes
- ✓ ¾ xícara de açúcar cristal
- ✓ 2 colheres (sopa) de matcha em pó
- ✓ 6 colheres (sopa) de açúcar mascavo

1. Preaqueça o forno a 160 °C.
2. Aqueça o creme de leite, as sementes e a fava de baunilha em uma panela de fundo grosso em fogo médio-alto. Quando iniciar fervura, reduza para fogo baixo. Em uma tigela, misture as gemas, o açúcar cristal e o matcha. Adicione lentamente 1 xícara do creme aquecido à mistura de gemas, mexendo vigorosamente para misturar os ovos.
3. Junte essa mistura de ovos ao restante do creme aquecido e retire do fogo. Remova a fava de baunilha. Divida o creme em quantidades iguais entre 6 ramequins de 120 ml cada.
4. Coloque os ramequins em uma assadeira com uma quantidade de água que atinja a metade da altura deles. Leve ao forno por 45 minutos ou até ficar firme nas bordas e mole no centro. Tire os ramequins da assadeira e deixe esfriar. Deixe na geladeira por várias horas ou por até 2 dias.
5. Polvilhe 1 colher de açúcar sobre o creme em cada ramequim e, com a ajuda de um maçarico, derreta o açúcar até caramelizar. Deixe esfriar por alguns minutos e sirva.

Áries ♈ 41

Costeleta de cordeiro em crosta de alecrim

RENDE 8 PORÇÕES

Alecrim e cordeiro formam um par que seduz qualquer paladar. Adicione farinha de rosca e queijo parmesão à crosta e você terá uma obra de arte.

- ✓ 1 colher (sopa) de mix de temperos com pimentas variadas, sal, alho e ervas
- ✓ 1 colher (chá) de alho picado
- ✓ 1 colher (sopa) de alecrim fresco picado
- ✓ 1 colher (chá) de tomilho picado
- ✓ ¼ xícara de mostarda escura
- ✓ ¼ xícara de molho inglês
- ✓ ¼ xícara de azeite de oliva
- ✓ 2 costeletas de cordeiro cortadas em tiras
- ✓ 2 ovos grandes
- ✓ 1 xícara de farinha de rosca
- ✓ 1 xícara de queijo ralado parmigiano-reggiano

1. Em uma tigela pequena, misture o tempero, o alho, o alecrim, o tomilho, a mostarda, o azeite de oliva e o molho inglês. Disponha as costeletas de cordeiro em um recipiente raso e espalhe a mistura de maneira uniforme sobre elas, então cubra o recipiente e coloque na geladeira. Deixe marinar por 24 horas.
2. Preaqueça o forno a 190 °C.
3. Retire as costeletas da marinada e seque-as com papel-toalha. Preaqueça uma frigideira grande em fogo médio-alto. Sele

a carne de todos os lados durante mais ou menos 5 minutos. Tire do fogo e deixe descansar até esfriar o suficiente para manusear.

4. Em um recipiente, misture a farinha de rosca e o queijo ralado. Em outro recipiente ou assadeira, bata os ovos. Mergulhe as costeletas de cordeiro grelhadas nos ovos e, em seguida, passe-as na mistura de farinha de rosca e queijo ralado. Disponha as costeletas em uma assadeira com o lado da gordura para baixo e asse por 20 minutos. Retire do forno e deixe descansar por 10 minutos. Corte em pedaços e sirva.

✳

Salmão selvagem em tábua de cedro com molho de milho e abacate
RENDE 6 PORÇÕES

Esta é, sem dúvida, a minha forma favorita de preparar salmão. É fácil e saborosa, e a dupla salmão e molho é divina.

Molho de milho e abacate
- ✓ 2 xícaras de grãos cozidos de milho branco fresco
- ✓ 2 abacates descascados, sem caroço e cortados em cubos
- ✓ Suco de 2 limões
- ✓ 1 cebola-pérola em cubos
- ✓ 2 xícaras de tomate-uva picado
- ✓ ¼ xícara de coentro fresco picado
- ✓ 2 colheres (sopa) de azeite de oliva
- ✓ Sal marinho

Áries ♈ 43

Salmão

- ✓ 1 tábua de cedro (de mais ou menos 15 x 35 cm de medida)
- ✓ 1 posta de salmão selvagem sem pele e espinhos
- ✓ ¼ xícara de azeite de oliva
- ✓ Sal marinho e pimenta-do-reino moída na hora

1. Junte todos os ingredientes do molho em uma tigela. Deixe na geladeira por 1 hora.
2. Mergulhe a tábua de cedro na água por 20 minutos com um peso sobre ela para mantê-la submersa. Preaqueça uma grelha em fogo médio-alto.
3. Lave a posta de salmão e seque-a com papel-toalha. Pincele a tábua de cedro com azeite dos dois lados. Coloque o salmão na tábua, pincele com azeite e tempere com sal e pimenta. Coloque a tábua sobre a grelha e use uma tampa (a tábua soltará fumaça, então deixe-a coberta). Grelhe de 12 a 15 minutos, até o salmão ficar corado, mas úmido.
4. Encha de água um borrifador para remover as cinzas da tábua. Retire-a da grelha e coloque-a em uma assadeira. Transfira o salmão para uma travessa e sirva-o acompanhado do molho.

✳

Camarão com nozes caramelizadas

RENDE 8 PORÇÕES

Esta receita é a minha adaptação mais saudável de uma comida que faz sucesso na minha terra natal. A mistura de todos os sabores, as nozes crocantes e o camarão suculento são divinos.

44 ＊ *Receitas dos astros*

- ✓ 4 colheres (sopa) de manteiga sem sal
- ✓ 1 xícara de nozes
- ✓ ¼ xícara de açúcar mascavo
- ✓ 2 xícaras de farinha de trigo
- ✓ 1 colher (chá) de sal
- ✓ 1 xícara de claras de ovos
- ✓ 1 xícara de farinha de rosca fina
- ✓ ½ kg de camarão-de-sete-barbas
- ✓ 2 xícaras de óleo de canola
- ✓ ¼ xícara de mel
- ✓ ½ xícara de maionese
- ✓ Suco de 1 limão
- ✓ 2 colheres (sopa) de leite condensado

1. Em uma frigideira grande, derreta a manteiga em fogo médio-alto. Adicione as nozes e mexa constantemente até que estejam torradas, de 2 a 3 minutos. Adicione o açúcar e continue mexendo até que uma crosta se forme em torno das nozes. Transfira-as para um recipiente forrado com papel-manteiga para esfriar.

2. Em um recipiente, misture a farinha e o sal. Em outro, bata as claras. Coloque a farinha de rosca em um terceiro recipiente. Passe os camarões na mistura de farinha de trigo com sal, mergulhe nas claras batidas e depois empane-os completamente na farinha de rosca. Disponha os camarões em uma assadeira. Aqueça o óleo em fogo médio-alto. Forre uma assadeira com papel-toalha. Teste a temperatura do óleo colocando um camarão empanado para fritar, para se certificar de que está quente o bastante. O camarão deve ficar dourado e imediatamente retornar à superfície do óleo. Deixe escorrer na assadeira forrada. Reserve.

Áries ♈ 45

3. Aqueça o mel, a maionese, o suco de limão e o leite condensado em uma frigideira grande, mexendo até começar a espumar. Disponha os camarões empanados fritos em uma travessa, regue-os com o molho e decore com as nozes caramelizadas.

Touro

21 de abril a 20 de maio

ALIMENTOS MEGAMETABOLIZANTES

Estes alimentos foram selecionados para esse signo porque touro rege a tireoide. Os taurinos precisam de apenas três coisas para se sentir verdadeiramente à vontade na própria pele: abundância, harmonia e segurança. E, apesar de não necessitarem de abundância de bens materiais, devem se sentir confortáveis em seu ambiente. Comprazer-se em um cashmere ultramacio com um par de almofadas em sua cama aconchegante, enquanto tomam um chocolate quente, é tudo de que precisam.

Símbolo: touro
Planeta regente: Vênus
Parte do corpo regida: tireoide
Casa regida no zodíaco:
  segunda, a casa de seus
  próprios recursos e valores
Elemento: terra

Cor: verde
Pedra: esmeralda
Frase-síntese: eu tenho
Característica pessoal:
  confiança
Qualidade: fixo

Touro é o segundo signo do zodíaco e está determinado a alcançar todas as metas que estabeleceu para si. Taurinos podem ser teimosos e agirão a todo vapor, como o touro que avança contra a capa do toureiro, apenas para às vezes ser surpreendidos, porque deveriam ter escutado a orientação de alguém com mais experiência. A tireoide trabalha em conjunto com outros órgãos e sistemas do corpo, por isso não é surpresa nenhuma que os nativos de touro queiram ter um vínculo com outra pessoa, especialmente com outro signo do elemento terra, para fazer quase tudo com ela, andar, falar, comer, rir... Seja como for, você tem uma ideia de como eles são.

TOURO NA COZINHA

Nativos de touro têm grande amor por comida saborosa, muito possivelmente mais do que qualquer outro signo do zodíaco. São assim de modo natural, pois touro também governa o paladar, muito apurado nos taurinos. Taurinos são, por direito próprio, ótimos cozinheiros e amam a união de uma excelente refeição, elaborada por eles, com o vinho adequado. Mais do que tudo, é o resultado que importa. Contanto que tudo saia perfeito, eles ficam felizes.

Essas criaturas do elemento terra saboreiam as coisas mais agradáveis que o mundo tem a oferecer, inclusive no que se refere à comida. Ao visitar um de seus amigos taurinos, você nunca vai encontrar sua geladeira vazia ou a despensa reduzida, pois eles apreciam ter comidas reconfortantes da melhor qualidade

48 * Receitas dos astros

sempre à mão, para quando não estiverem de bom humor. Taurinos querem exatamente o que desejam. A determinação é a tônica para touro e, quando encasquetam com alguma coisa, nada, *absolutamente nada*, pode mudar isso. Então, aprenderam a ter uma despensa totalmente abastecida, em vez de ter de sair no meio da noite para satisfazer suas papilas gustativas.

Os taurinos adoram ir ao supermercado, fazendo disso um evento. Percorrer os corredores é uma aventura, e, de bom grado, levarão você junto. Essa é uma extensão natural de ter o amigo ao lado deles. Examinam cada produto antes de decidir se ele volta para a prateleira ou se vai para o carrinho. Você quase pode vê-los imaginando o gosto e a textura daquele novo sabor de iogurte para o paladar exigente deles.

Sendo um signo do elemento terra, o chef taurino naturalmente ama os sabores terrosos dos tubérculos e outros itens frescos da horta. Não é raro manterem um cantinho de terra pronto para ser cultivado com algumas sementes, ou contarem com a entrega semanal de um produtor orgânico da região. Não é de se admirar que Alice Waters, a pioneira da culinária americana e da horta sustentável, seja de touro?

CONVIDADOS DE TOURO

Os nativos desse signo são afetuosos e amorosos, então são maravilhosos acréscimos à sua lista de convidados. Eles vão se entrosar facilmente com os demais e os farão se sentir bem-vindos e à vontade. Embora possam ser um pouco egocêntricos, passam por cima disso em ambientes sociais. Em alguns casos, seu convidado taurino vai literalmente entreter as pessoas, enquanto você dá os toques finais ao jantar; então, é evidente que alguns dos melhores cantores do mundo são taurinos.

Ao convidar um taurino para jantar, deixe o evento esteticamente atraente, pois ele adora todas as coisas belas e deleita-se em ambientes luxuosos; é quando ficam mais felizes, e tal coisa fica evidente em seu comportamento e no apreço que demonstram. Isso não significa que você deve gastar uma fortuna para apaziguar os convidados desse signo, mas apenas passar um tempo refletindo antes de arrumar a sala de jantar.

Touro vai adorar encontrar uma mesa disposta com tons sensuais ligados a Vênus, como verde-claro ou rosa cintilante em tom pastel, enquanto se senta para apreciar a maravilhosa comida que você preparou. Eles prezam uma atmosfera romântica, música suave e luz de velas. Um arranjo de centro elaborado com rosas e violetas na cor rosa fará dessa uma ocasião memorável. Basta o taurino se sentir à vontade e em casa que a noite será um sucesso estrondoso.

PRINCIPAIS ALIMENTOS MEGAMETABOLIZANTES PARA TOURO

Todos os alimentos a seguir são ótimos para touro e para a tireoide, mas todos os signos se beneficiarão das propriedades que mantêm o metabolismo em equilíbrio.

Alga arame. Esses filamentos de algas marrons são fontes naturais de vestígios de iodo, necessário para o adequado funcionamento da tireoide. Essa planta também conta com propriedades antibióticas e antivirais que auxiliarão naquelas incômodas dores de garganta que podem assolar qualquer taurino. Uma boa salada de algas ingerida regularmente vai manter a energia dos nativos de touro acelerada e sua garganta pronta para cantar as canções das paradas de sucesso.

50 * *Receitas dos astros*

Castanha-do-pará. Castanhas-do-pará são ricas em selênio e zinco, ambos asseguram uma tireoide saudável e grandes quantidades de hormônios T3 e T4. O selênio contém enzimas que auxiliam na desintoxicação e na produção de hormônios da tireoide, mantendo os níveis de energia corporal. Os benefícios da castanha-do-pará são especialmente significativos para os nativos de touro, pois eles tendem a ser letárgicos devido a seu amor pelo conforto e por se estabelecer em um ambiente acolhedor.

Sal marinho Celtic. Esse sal natural contém 84 micronutrientes, incluindo iodo, zinco e ferro, todos necessários para a saúde fundamental da tireoide. Dizem que dissipa o muco que, embora se origine no nariz e seios paranasais, irrita a garganta, fazendo com que essa forma de sal seja duplamente benéfica e crucial para os taurinos, que amam se expressar por meio do canto. Muitos desses pássaros cantantes se tornam cantores profissionais.

Goiaba. Essa deliciosa fruta é muito rica em vitamina C (até mais que as laranjas), promovendo células saudáveis. Ela pode ajudar a impulsionar a função da tireoide, auxiliando o corpo a transformar alimentos em energia — essencial para os taurinos, que ficam em sua melhor forma quando animados.

Cogumelos. Os cogumelos são uma boa fonte de selênio, mas também contêm cobre (principalmente o shitake), fundamental para a produção de um hormônio da tireoide que mantém sob controle a taxa de colesterol. Esses fungos terrosos são perfeitos para os taurinos, pois estão intimamente ligados à natureza. Eles se deliciariam passando um dia na floresta colhendo cogumelos para um banquete.

Camarão. Camarão contém quantidade significativa de iodo e alta quantidade de vitamina D, bem como selênio, ferro e proteína. Muitas pessoas com deficiência no funcionamento da tireoide sofrem de carência dessa vitamina, então camarões podem ser de dupla ajuda para o taurino, por conter tanto vitamina D como iodo. Isso sem mencionar que os taurinos ficam encantados com aquele rosa venusiano, quando perfeitamente cozidos.

Acelga. A acelga é uma boa fonte secundária de iodo e contém boas quantidades de vitaminas A, C, e E, todas ótimas antioxidantes. Esse trio de vitaminas tem efeito neutralizante sobre o trauma e o estresse que frequentemente afeta a todos, mas sobretudo os taurinos obstinados, quando imersos em sua teimosia. Quando os nativos de touro colocam na cabeça que devem seguir em frente com algo, continuam até caírem exaustos. A acelga vai animá-los até que se reencontrem com seus aconchegantes travesseiros.

Arroz selvagem. Esse grão não é de fato arroz, mas a grama do pântano, que quando cozida parece arroz. Com quantidades elevadas de vitaminas do complexo B, ácido fólico, fibra e ferro, é a melhor escolha de grão para o taurino. Todas essas vitaminas, minerais e fibras são benéficos para a tireoide, auxiliando na produção de hormônios, no controle do colesterol e na conversão de energia, o que manterá os taurinos em sua melhor performance.

Salada de repolho e alga arame com vinagrete de gengibre e gergelim
RENDE 8 PORÇÕES

Um ótimo jeito de introduzir algas (como a arame e outros vegetais marinhos) nas refeições é combiná-las com ingredientes e sabores que lhe são familiares.

Salada de repolho
- ½ cabeça de repolho-chinês cortado em tiras finas
- ¼ cabeça de repolho-branco
- ¼ cabeça de repolho-roxo
- 3 cenouras descascadas e raladas
- 1 pepino sem sementes e cortado em cubos
- 1 xícara de alga arame reidratada

Vinagrete de gengibre e gergelim
- ¼ xícara de vinagre de arroz temperado
- ¼ xícara de molho soja com baixo teor de sódio
- 2 colheres (sopa) de mel
- ½ colher (chá) de gengibre fresco picado
- ½ colher (chá) de alho fresco picado
- 1 colher (sopa) de óleo de gergelim
- ¼ xícara de azeite de oliva
- 2 colheres (sopa) de sementes de gergelim preto

1. Coloque todos os ingredientes para a salada de repolho em uma tigela média e misture bem.
2. Na tigela do processador de alimentos, coloque o vinagre de arroz, o molho de soja, o mel, o gengibre e o alho. Ligue o aparelho e adicione lentamente o óleo de gergelim e o azeite de oliva até que a mistura esteja emulsificada.

Touro ♉ 53

3. Transfira o molho da tigela do processador para um recipiente pequeno. Misture 1 colher (sopa) de sementes de gergelim preto. Adicione o molho à salada de repolho e misture bem.

4. Deixe a salada gelar por 2 horas. Decore com o restante das sementes de gergelim e sirva.

✳

Pão de abobrinha com castanhas-do-pará tostadas

RENDE 1 UNIDADE

Castanhas-do-pará são uma boa opção em relação às nozes geralmente usadas em assados e ficam excelentes com abobrinhas.

- ✓ Óleo de canola orgânico em spray
- ✓ 2 ovos grandes batidos
- ✓ 1 xícara de açúcar
- ✓ ½ xícara de óleo de canola orgânico
- ✓ 1 colher (chá) de extrato de baunilha
- ✓ 2 abobrinhas raladas
- ✓ 1 ½ xícara de farinha de trigo
- ✓ 1 ½ colher (chá) de bicarbonato de sódio
- ✓ 1 colher (chá) de noz-moscada ralada
- ✓ 1 colher (chá) de canela em pó
- ✓ ½ colher (chá) de cravo em pó
- ✓ 1 xícara de castanhas-do-pará torradas e picadas

1. Preaqueça o forno a 190 °C. Unte uma assadeira de bolo inglês com o óleo de canola em spray.

2. Na tigela da batedeira, bata os ovos e o açúcar em potência média por 3 minutos, até que os ovos fiquem amarelo-pálido. Adicione a baunilha e o óleo. Misture com a abobrinha e reserve.
3. Em uma tigela, misture todos os ingredientes secos, exceto as castanhas. De forma gradual, adicione os ingredientes secos à mistura úmida e incorpore bem. Misture as castanhas-do-pará e coloque na assadeira.
4. Coloque a assadeira no centro do forno e deixe assar durante 35 a 40 minutos, até dourar. Faça um teste, inserindo um palito no centro do pão para se certificar de que esteja assado antes de retirá-lo do forno. O palito deve sair limpo. Então, retire-o do forno e deixe esfriar por 10 minutos antes de removê-lo da assadeira.

✳

Pot de crème butterscotch com sal marinho Celtic
RENDE 8 PORÇÕES

O sal realça os sabores de outros ingredientes, e isso é verdade principalmente quando se trata do Celtic. Os sabores doces, salgados e cremosos saltarão em sua língua e farão você querer mais.

- 3 xícaras de creme de leite fresco
- 1 xícara contendo partes iguais de creme de leite fresco e leite integral
- 8 colheres (sopa) de manteiga sem sal
- 1 xícara de açúcar mascavo
- 1 colher (chá) de sal marinho Celtic (se não encontrar, substituir por sal marinho comum)
- 6 gemas de ovos grandes

Touro ♉ 55

✓ ¼ xícara de açúcar cristal

✓ 1 pitada de sal marinho Celtic em cada ramequim de creme para enfeitar

1. Preaqueça o forno a 150 °C.
2. Em uma panela, aqueça 2 xícaras de creme de leite fresco e a mistura de leite e creme de leite até ferver. Retire do fogo.
3. Derreta a manteiga em outra panela e misture o açúcar mascavo e ½ colher (chá) de sal, mexendo até ficar homogêneo.
4. Lentamente, incorpore a mistura de creme com a de açúcar, mexendo sempre. Retire do fogo.
5. Em uma tigela, bata as gemas e adicione uma pequena quantidade da mistura de creme de leite aquecida a elas, mexendo sempre. Adicione outra pequena quantidade da mistura, repetindo o processo. Quando os ovos estiverem temperados, adicione a mistura de creme de leite restante e misture bem. Divida o creme entre 8 ramequins de 120 ml.
6. Disponha os ramequins em uma assadeira grande com uma quantidade de água que atinja a metade da altura deles. Certifique-se de que haja espaço suficiente entre os recipientes. Cubra com papel-alumínio, coloque a assadeira no centro do forno e asse de 30 a 40 minutos, até que as bordas estejam firmes, mas o centro permaneça cremoso. Tire os ramequins da assadeira e os transfira para uma grade para esfriar.
7. Cubra e refrigere por pelo menos 4 horas. Logo antes de servir, usando uma batedeira, bata a xícara restante de creme de leite fresco em velocidade alta e adicione o açúcar cristal. Decore cada ramequim de creme com 1 pitada de sal e um pouco de chantili.

56 ✳ *Receitas dos astros*

Filés de onaga em crosta de coco (crosta havaiana) com molho de goiaba
RENDE 4 PORÇÕES

Coco, onaga, goiaba! Este é um prato com três delícias havaianas. Ao prová-lo, você pode facilmente imaginar suas férias em Maui...

Onaga
- ✓ 1 xícara de farinha de trigo
- ✓ ½ colher (chá) de sal
- ✓ 1 xícara de farinha de rosca
- ✓ 1 xícara de coco fresco ralado
- ✓ 2 ovos grandes
- ✓ 4 filés de mais ou menos 180 g de onaga sem pele e sem espinhas (pode ser substituído por pargo)
- ✓ ¼ de xícara de óleo de canola

Molho de goiaba
- ✓ 5 colheres (sopa) de manteiga sem sal
- ✓ 1 colher (sopa) de azeite de oliva
- ✓ 2 colheres (sopa) de chalotas picadas
- ✓ ½ xícara de purê de goiaba
- ✓ ½ xícara de vinho branco seco
- ✓ 1 colher (chá) de farinha de wondra (mistura de farinha de trigo com farinha de cevada) (se não encontrar, substituir por farinha de trigo)
- ✓ ¼ xícara de creme de leite fresco

1. Separe 4 colheres (sopa) de manteiga e coloque-as no freezer.
2. Em uma tigela, misture a farinha e o sal. Bata os ovos em outra tigela. Em um terceiro recipiente, misture a farinha de ros-

ca e o coco ralado. Passe os filés de peixe na mistura de farinha temperada com sal, mergulhe-os nos ovos batidos e depois empane-os na mistura de coco e farinha de rosca. Coloque os filés no freezer por alguns minutos para firmar o empanado.
3. Preaqueça o forno a 150 °C.
4. Em uma frigideira grande, aqueça o óleo em fogo médio-alto. Frite os filés até ficarem dourados, de 2 a 3 minutos de cada lado. Retire-os da frigideira e disponha-os em uma assadeira. Leve ao forno por 15 minutos.
5. Em uma panela, aqueça a colher (sopa) de manteiga restante e o azeite em fogo médio-alto. Adicione as chalotas e refogue por 2 minutos, ou até ficarem transparentes. Adicione o purê de goiaba e o vinho branco. Deixe levantar fervura e cozinhe até que o líquido reduza pela metade. Retire a manteiga congelada do freezer e misture ao molho. Polvilhe a wondra, mexendo sempre, o molho deve começar a emulsionar. Misture o creme de leite lentamente, até atingir a consistência cremosa desejada.

Risoto de cogumelo selvagem
RENDE 8 PORÇÕES

Todo mundo pensa em purê de batatas e molho de carne ou macarrão com queijo como comidas reconfortantes. Mas, depois de provar este risoto, você simplesmente pode ter um novo prato favorito.

✓ 6 xícaras de caldo de carne (ou caldo de frango ou cogumelo)
✓ 3 colheres (sopa) de azeite de oliva

58 ✳ Receitas dos astros

- ✓ 2 colheres (sopa) de manteiga
- ✓ 1 xícara de cogumelos shitake sem talo e cortados à julienne
- ✓ 1 xícara de cogumelos shimeji-preto fatiados
- ✓ 1 xícara de cogumelos-de-paris fatiados
- ✓ Sal e pimenta-do-reino moída na hora
- ✓ ½ xícara de chalotas cortadas em tiras finas
- ✓ 500 g de arroz arbório
- ✓ ½ xícara de conhaque
- ✓ ½ xícara de creme de leite fresco
- ✓ ½ xícara de queijo parmigiano-reggiano
- ✓ ¼ xícara de salsa picada

1. Coloque o caldo em uma panela e deixe ferver até reduzir.
2. Em uma panela média, aqueça 1 colher (sopa) de azeite de oliva e 1 colher (sopa) de manteiga no fogo médio-alto. Adicione os cogumelos e refogue por 5 minutos, ou até ficarem macios. Tempere com sal e pimenta a gosto. Retire do fogo e reserve.
3. Aqueça o restante do azeite de oliva e da manteiga numa panela de fundo grosso, em fogo médio-alto. Adicione as chalotas e refogue até ficarem translúcidas. Adicione o arroz e cozinhe, mexendo constantemente até ficar dourado. Despeje o conhaque e continue mexendo até que ele seja completamente absorvido. Coloque 1 concha de caldo de cada vez, mexendo constantemente até absorver. Continue o processo até que todo o caldo tenha sido usado e o arroz esteja cremoso.
4. Adicione a mistura de cogumelos ao risoto e continue cozinhando e mexendo. Misture o creme de leite fresco e o queijo ralado e mexa. O risoto deve ficar com uma textura bem

cremosa. Tempere com sal e pimenta a gosto. Decore com a salsa picada e sirva imediatamente.

✳

Camarão apimentado com miolo de alface-romana e molho cremoso de abacate
RENDE 4 PORÇÕES

Esta deliciosa salada combina os cinco sabores: amargo (alface--romana), azedo (sucos de limão e lima), doce (açúcar mascavo, camarão), salgado (sal, molho inglês) e umami/temperado (queijo), tornando-a um prato hipnotizante a cada bocado para todos os paladares.

Croûtons
- 1 colher (sopa) de azeite de oliva
- 1 colher (sopa) de manteiga sem sal
- 1 broa de milho de mais ou menos 20 x 20 cm cortada em cubos
- Sal marinho
- 2 colheres (sopa) de queijo parmigiano-reggiano ralado

Camarão apimentado
- 1 colher (chá) de páprica defumada
- 1 colher (chá) de cominho moído
- 1 pitada de pimenta-de-caiena
- 1 colher (chá) de açúcar mascavo
- ½ colher (chá) de sal
- Suco de 2 limas
- ¼ xícara de azeite de oliva

60 ✳ *Receitas dos astros*

- ✓ 2 colheres (sopa) de coentro fresco picado
- ✓ 20 camarões grandes descascados e limpos

Miolo de alface-romana
- ✓ 2 miolos de alface-romana lavados e secos (as folhas devem ser mantidas inteiras)
- ✓ ½ xícara de queijo parmigiano-reggiano ralado

Molho cremoso de abacate
- ✓ 1 ovo levemente cozido
- ✓ Suco de ½ limão
- ✓ 1 colher (chá) de alho picado
- ✓ 1 colher (sopa) de molho inglês
- ✓ ½ colher (chá) de molho de pimenta Tabasco
- ✓ 1 colher (sopa) de mostarda de Dijon
- ✓ 1 xícara de azeite de oliva
- ✓ 1 abacate descascado, sem caroço e picado
- ✓ Sal e pimenta-do-reino moída na hora

1. Preaqueça o forno a 150 °C.
2. Em uma frigideira grande, aqueça o azeite e a manteiga em fogo médio-alto. Adicione a broa cortada em cubos e deixe dourar de maneira uniforme. Retire do fogo e misture sal e queijo ralado.
3. Espalhe os cubos de maneira uniforme em uma assadeira e asse-os até ficarem crocantes, de 10 a 15 minutos. Retire do forno e deixe esfriar. Guarde em um recipiente hermético até a hora de usar.
4. Em uma tigela, misture todos os ingredientes para o camarão, com exceção desse último. Em seguida, coloque o camarão, misture e deixe no refrigerador por no máximo 2 horas.

5. Na tigela do processador de alimentos, coloque o ovo levemente cozido, o suco de limão, o alho, o molho inglês, a pimenta Tabasco e a mostarda de Dijon e misture-os até ficar homogêneo. Lentamente, despeje o azeite de oliva em um fluxo contínuo até a mistura emulsionar. Adicione o abacate e misture até ficar homogêneo. Use uma pequena quantidade de água quente para deixar a textura do molho mais líquida, até atingir a consistência certa, se necessário. Tempere com sal e pimenta a gosto.
6. Preaqueça a grelha em fogo médio-alto. Então, grelhe os camarões por 2 minutos de cada lado, ou até ficarem firmes. Retire do fogo e cubra com papel-alumínio.
7. Misture as folhas do miolo de alface-romana com o molho e alguns croûtons. Monte pratos individuais, cubra com o restante dos croûtons e com o queijo ralado. Disponha cinco camarões ao redor das folhas em cada prato e sirva.

Salada quente de acelga, cogumelos portobello e panceta
RENDE 4 PORÇÕES

Acelga é meu vegetal favorito de todos os tempos! Cresce anualmente em nosso quintal, e uso algumas folhas todos os dias no verão. E quem não ama portobellos carnudos e suculentos?

Salada
- ✓ 30 g de panceta picada
- ✓ 1 colher (sopa) de azeite de oliva
- ✓ 1 colher (sopa) de manteiga sem sal

62 * *Receitas dos astros*

- ✓ 3 dentes de alho picados
- ✓ 1 cebola roxa cortada em meias-luas
- ✓ 230 g de cogumelos portobello sem os talos e fatiados
- ✓ 1 maço grande de acelga lavado e fatiado
- ✓ 1 xícara de caldo de galinha

Vinagrete de mostarda

- ✓ 1 colher (chá) de mostarda seca
- ✓ 2 colheres (sopa) de néctar de agave
- ✓ 2 colheres (sopa) de vinagre de vinho tinto
- ✓ ¼ xícara de azeite de oliva

1. Aqueça uma panela grande em fogo médio-alto, adicione a panceta e frite até que esteja dourada e crocante. Tire a panceta da panela, coloque em um recipiente forrado com papel-toalha e reserve. Mantenha a gordura liberada pela panceta na panela.

2. Adicione o azeite de oliva e a manteiga à gordura que ficou na panela e coloque em fogo médio-alto. Junte o alho e a cebola fatiada e cozinhe até a cebola ficar translúcida, de 2 a 3 minutos. Coloque os cogumelos e a acelga na panela e refogue, adicionando pequenas quantidades de caldo de galinha, quando necessário, e mexendo constantemente até ficarem macios.

3. Em uma tigela pequena, adicione a mostarda seca, o néctar de agave e o vinagre de vinho tinto e misture até ficar homogêneo. Misture o azeite até emulsionar. Adicione metade da panceta ao vinagrete e misture à acelga. Sirva quente decorado com a outra metade da panceta.

*

Pilafe de arroz selvagem e abóbora
RENDE 8 PORÇÕES

Arroz selvagem era abundante na minha infância. Passei a amar seu sabor de nozes e a usá-lo em muitas receitas, no lugar de arroz branco ou integral. Este é um dos meus pratos favoritos.

- ✓ 2 xícaras de abóbora sem casca e picada
- ✓ 3 colheres (sopa) de azeite de oliva
- ✓ 1 pitada se sal marinho
- ✓ 1 colher (sopa) de manteiga sem sal
- ✓ 2 dentes de alho picados
- ✓ 1 xícara de cebola amarela picada
- ✓ ½ xícara de salsão picado
- ✓ ½ xícara de cenoura picada
- ✓ 1 colher (chá) de tomilho fresco picado
- ✓ 1 xícara de arroz selvagem
- ✓ 2 ½ xícaras de caldo de galinha
- ✓ ½ xícara de xerez seco
- ✓ 1 xícara de nozes-pecã tostadas e picadas

1. Preaqueça o forno a 200 °C.
2. Misture a abóbora com 2 colheres (sopa) de azeite de oliva e sal. Espalhe a abóbora de maneira uniforme em uma assadeira e leve ao forno preaquecido por aproximadamente 30 minutos, ou até dourar. Retire do forno e reserve.
3. Aqueça a outra colher (sopa) de azeite de oliva e a manteiga em uma panela em fogo médio-alto. Adicione o alho, a cebola, o salsão e a cenoura e refogue por 3 minutos. Tempere com tomilho e sal marinho e reserve.
4. Lave o arroz selvagem várias vezes em água fria. Coloque o arroz selvagem, o caldo de galinha, o xerez e a mistura de

vegetais em uma panela elétrica de arroz pequena e programe para autocozinhar.

5. Quando o arroz estiver cozido, transfira para uma tigela de servir e misture com a abóbora e as nozes-pecã. Fica ótimo servido com frango ou peru assados.

Gêmeos

21 de maio a 20 de junho

ALIMENTOS QUE FACILITAM A RESPIRAÇÃO

Estes alimentos foram selecionados para os nascidos sob o signo de gêmeos, o regente dos pulmões, conhecidos pelo dom de tagarelar e pelas impecáveis habilidades de comunicação. Os nativos de gêmeos devem incluir estes alimentos em sua dieta para manter fluindo o sopro da vida e para que, ao longo de sua existência, não percam sua impressionante capacidade de se comunicar, o que lhes seria uma sentença de morte, já que não há nada que apreciem tanto quanto conversar.

II
Símbolo: os gêmeos
Planeta regente: Mercúrio
Parte do corpo regida: pulmões
Casa regida no zodíaco: terceira, a casa da comunicação
Elemento: ar

Cor: amarelo
Pedra: ágata
Frase-síntese: eu penso
Característica pessoal: agilidade
Qualidade: mutável

65

O signo de gêmeos governa a casa de todas as comunicações, junto com seu planeta regente, Mercúrio, conhecido como o mensageiro dos deuses, movendo-se pelos céus à velocidade da luz para entregar as últimas notícias. A mente de gêmeos se move com a mesma ultravelocidade. Geminianos são excelentes comunicadores e convidados cobiçados em qualquer evento social. Preferem passar a vida acumulando conhecimento para compartilhar a perseguir bens materiais ou riqueza. São oradores talentosos e, mesmo não tendo a informação mais apurada, prenderão logo sua atenção a cada palavra, fazendo com que acredite que aquilo seja o Evangelho.

GÊMEOS NA COZINHA

Todos os geminianos amam conversar e interagir com todo mundo, ao passo que os nascidos sob outros signos podem preferir papear com os próprios amigos. Os geminianos *amam* falar com quem cruza seu caminho e farão brincadeiras com um estranho na rua para suprir sua necessidade de contato. Essa obsessão com a comunicação pode quase ser seu ponto fraco, uma vez que podem facilmente abrir mão de comer, pois preferem buscar se socializar a ficar presos na cozinha com a árdua tarefa de preparar as próprias refeições.

As habilidades de comunicação de gêmeos também transitam entre partilhar experiências e ensinar, então eles se saem melhor na cozinha quando têm plateia. Gostam de qualquer coisa que possa ser preparada rapidamente e ficam impacientes se têm de esperar muito tempo. Por isso, manter os convidados reunidos em torno deles na cozinha vai ajudá-los a manter o foco durante o tempo necessário para finalizar o frango assado — toda a experiência de cozinhar lhes soa como um evento social. A mente dos geminianos voa de uma coisa para outra como um beija-flor planando à velocidade da luz sobre um canteiro, mas, ao contrário de outros signos, eles podem se concentrar em várias ideias ao mesmo tempo. Outros signos podem considerar esse estilo nada comum de cozinhar como uma distração, mas os nativos de gêmeos tiram sua força da interação construída a cada troca, culminando, por fim, em diálogos vigorosos enquanto compartilham sua refeição.

Assim como o chef profissional Jamie Oliver — que conduz o público em uma jornada por sua horta, reunindo tudo o que vai preparar para compartilhar a refeição completa na tela, como se todos estivessem ali com ele —, o cozinheiro de gêmeos se deleita com a realização do processo de cozinhar.

CONVIDADOS DE GÊMEOS

Quando você tem amigos geminianos na lista de convidados, precisa ter várias coisas em mente. Essas criaturas têm elevado nível de energia; assim como seu símbolo, é possível que um geminiano tenha a energia de duas pessoas. Quando deixados à própria sorte, sempre comerão enquanto assistem a um recente lançamento em DVD, ou leem o mais novo *best-seller*; então, você deve lutar pela atenção deles e se esforçar para mantê-la.

Geminianos adoram comidas exóticas variadas, que despertarão seu interesse e seu apetite, mas perderão completamente o interesse se tiverem de esperar entre um prato e outro. Você pode mantê-los ocupados com uma conversa animada, intervalos musicais ou outras formas de entretenimento. Isso não significa que o nativo de gêmeos seja exigente ou difícil como convidado de um jantar, eles apenas ficam intrigados com o inusitado. Por isso, misture diferentes temperos e acompanhamentos incomuns e sirva-os com o prato principal. O fato de o dourado, peixe conhecido no Havaí como mahi-mahi, ser uma boa fonte de proteína para gêmeos é uma dica.

Tenha alguns extrovertidos no grupo e o geminiano vai ficar feliz, pois seu charme sobressairá ao de todos. Mesmo que ele fique levemente entediado, você provavelmente não vai perceber, pois ele nasceu com traquejo social e boas maneiras.

Geminianos adoram ambientes simples que lembram o campo, florestas e montanhas, onde se sentem completamente em paz. Você certamente não vai precisar gastar uma fortuna transformando sua casa em um santuário florestal, mas, se a estação for apropriada, coloque a mesa de jantar com guardanapos em tons de amarelo-claro no jardim, onde gêmeos poderá relaxar em contato com a natureza. Se isso não for possível, decore a sala de jantar com buquês de flores do campo e traga a natureza para dentro de casa.

PRINCIPAIS ALIMENTOS QUE FACILITAM A RESPIRAÇÃO DE GÊMEOS

Todos estes alimentos são ótimos para gêmeos e para os pulmões, mas todos os signos podem se beneficiar de pulmões mais fortes e limpos.

Couve-de-bruxelas. Couves-de-bruxelas são ricas em ácido fólico, fibras dietéticas, vitamina K e minerais que contribuem para uma ótima saúde. Também são ricas em vitaminas A e C, os antioxidantes com propriedades anti-inflamatórias que auxiliam no combate à asma e à inflamação a ela associada. Qualquer nativo de gêmeos deve fazer desses repolhos em miniatura um complemento para sua dieta a fim de ajudá-lo a manter a respiração mais fácil.

Feijões-brancos. Repletas de magnésio, ácido fólico, fibras dietéticas e cobre — que é anti-inflamatório —, essas favas são altamente benéficas para a saúde dos pulmões, especialmente para os propensos à asma. Também contêm nutrientes responsáveis pela desintoxicação do corpo, reduzindo a inflamação nos pulmões. Os intelectuais geminianos precisam de toda a potência desse órgão para seu próximo importante discurso.

Melão cantaloupe. Esse suculento melão auxilia na saúde dos pulmões devido a seu alto nível de vitaminas A e C, antioxidantes. Ele reduz a inflamação e previne a enfisema, o que faz dessa fruta uma boa opção para o geminiano, cujos pulmões devem estar em ótima forma para que deem conta da imensa quantidade de ar de que precisam para chegar ao fim do dia. É claro que o melão cantaloupe é ótimo também para todos os demais signos.

Farinha de milho. A farinha de milho é rica em magnésio, zinco, vitaminas B, C, e E e todos os inibidores de câncer, além de conter propriedades antioxidantes que também podem ser benéficas para os que sofrem de asma. Gêmeos e os outros signos com certeza deveriam incluir pão de milho, tortilhas de milho ou outros produtos de milho em sua lista de compra. (O fubá é sua versão extrafina.)

70 ✷ *Receitas dos astros*

Mahi-mahi (dourado). Rico em selênio, niacina, vitaminas do complexo B e minerais, esse peixe de águas frias protege contra a enfisema e outras inflamações pulmonares, sendo uma ótima opção para fumantes ou os ditos fumantes passivos. São excelentes para os sociais geminianos, frequentemente expostos a esses poluentes quando saem por aí.

Orégano. Um pacote de ferro, manganês e vitamina C e ótima fonte de vitamina A, o orégano é uma das chaves para a saúde pulmonar. Alguns pesquisadores sugerem que a vitamina A pode ajudar na cicatrização do tecido pulmonar, uma ótima notícia para gêmeos ou outros signos que sofrem de problemas nesse órgão. Com tendência para a frustração quando não está em sua melhor forma, o orégano, consumido diariamente, vai ajudar a manter o geminiano saudável.

Framboesas. Dietas ricas em frutas e vegetais têm sido apontadas como importante forma de prevenção contra doenças pulmonares, tais como a DPOC (Doença Pulmonar Obstrutiva Crônica). As framboesas são uma boa escolha para esse combate, pois têm alto teor de vitamina c, ácido fólico, ferro e potássio, e também podem aliviar outros problemas pulmonares que afligem os geminianos.

Tomilho. Os óleos voláteis do tomilho são antibacterianos e antimicrobianos, proporcionando excelente defesa contra as infecções dos pulmões, brônquios e de todo o sistema respiratório. Ferro e manganês ajudam a proteger os geminianos dos radicais livres. É uma forma de castigo cruel e nada comum para um geminiano ficar sem voz, então o tomilho deve definitivamente ser sua erva preferida.

Gêmeos II 71

Couves-de-bruxelas marinadas e assadas
RENDE 8 PORÇÕES

Minha filha provavelmente tenha sido uma das raras crianças que cresceram amando couve-de-bruxelas. Ainda é um de seus alimentos preferidos, sobretudo quando assadas.

- ✓ Sal
- ✓ 900 g de couves-de-bruxelas cortadas
- ✓ 1 colher (chá) de alho picado
- ✓ 1 colher (sopa) de chalotas picadas
- ✓ ¼ xícara de suco de limão fresco
- ✓ 1 colher (chá) de orégano seco
- ✓ 1 colher (chá) de sal marinho
- ✓ 1 xícara de azeite de oliva
- ✓ Queijo parmigiano-reggiano

1. Ferva uma panela grande de água com sal.
2. Encha uma tigela com gelo e cubra com água. Depois, coloque as couves-de-bruxelas na água fervente e branqueie-as por 5 minutos. Escorra e imediatamente coloque-as na água com gelo até esfriarem. Escorra novamente e deixe descansar em uma peneira por 10 minutos.
3. Em uma tigela grande, misture os ingredientes restantes. Disponha as couves na marinada de modo que fiquem completamente imersas. Coloque na geladeira e mantenha ali durante a noite ou até por 24 horas.
4. Preaqueça o forno a 200 °C.
5. Retire as couves-de-bruxelas da geladeira e coloque-as em uma peneira, sem a marinada. Transfira da peneira para uma

assadeira. Leve ao forno de 20 a 25 minutos, até dourarem e ficarem crocantes. Retire do forno e rale o queijo parmigiano-reggiano por cima. Sirva imediatamente.

＊

Ragu de feijão-branco com camarão grelhado com alecrim

RENDE 8 PORÇÕES

Feijões-brancos sempre foram um dos pratos favoritos da família. Este ragu é um acompanhamento perfeito para os camarões aromatizados com alecrim.

Feijões

- ✓ 900 g de feijões-brancos secos e limpos
- ✓ 6 xícaras de água
- ✓ 3 dentes de alho
- ✓ 1 cebola picada
- ✓ 1 folha de louro
- ✓ Talos de salsa
- ✓ Sal

Espetinhos de camarões

- ✓ 32 camarões-de-sete-barbas descascados e limpos
- ✓ 1 colher (chá) de alho picado
- ✓ 1 colher (sopa) de tempero lemon pepper
- ✓ ¼ xícara de azeite de oliva
- ✓ 16 ramos de alecrim com as folhas da parte inferior da haste removidas

Ragu

- ✓ Feijões-brancos cozidos
- ✓ Sal
- ✓ 2 xícaras de tomates frescos sem sementes e picados
- ✓ Raspas da casca de 1 limão
- ✓ 2 colheres (sopa) de suco de limão fresco
- ✓ 1 colher (sopa) de alecrim fresco picado fino
- ✓ ¼ xícara de azeite de oliva extravirgem
- ✓ 1 limão cortado em 8 partes para servir

1. Coloque os feijões-brancos em uma tigela grande, cubra-os com água fria e deixe de molho durante a noite.
2. No dia seguinte, escorra a água e lave-os. Coloque em uma panela grande e cubra com as 6 xícaras de água. Adicione o alho, a cebola, a folha de louro e os talos de salsa e deixe ferver. Abaixe o fogo e cozinhe até que os grãos estejam macios, cerca de 1 hora. Retire a folha de louro. Tempere com sal e deixe esfriar por 20 minutos.
3. Em uma tigela grande, misture o camarão com o alho, o lemon pepper e o azeite de oliva até que fiquem completamente temperados. Enganche 2 camarões e espete-os com uma haste de alecrim. Repita o processo com os camarões restantes e leve os espetos à geladeira.
4. Transfira os feijões-brancos para uma tigela. Adicione o tomate, as raspas de limão, o suco de limão, o alecrim picado e o azeite e misture bem. Deixe o ragu de lado.
5. Preaqueça uma grelha em fogo médio-alto.
6. Retire os camarões da geladeira. Borrife óleo culinário em spray na grelha. Em seguida, disponha os camarões sobre ela de modo que os ramos de alecrim não fiquem em contato

74 * *Receitas dos astros*

com a chama do fogão e deixe grelhar por 2 minutos de cada lado. Transfira os camarões para uma panela ou assadeira posicionada na parte posterior da grelha, de modo a mantê-los aquecidos enquanto prepara os demais.

7. Espalhe o ragu de maneira uniforme em uma tigela grande. Disponha os espetos de camarões sobre os feijões, decore com os pedaços de limão e sirva.

*

Dourado grelhado com bechamel de gengibre e laranja

RENDE 4 PORÇÕES

Dourado, ou mahi-mahi, é o peixe mais popular do Havaí, e este modo de preparo é um dos preferidos dos meus clientes do mundo todo. Então, se você é geminiano ou quer apenas trazer um pouco de "aloha" para o seu jantar, esta certamente é uma boa pedida.

Bechamel

- ✓ ½ colher (sopa) de azeite de oliva
- ✓ 1 ½ colher (chá) de manteiga sem sal, mais 4 colheres (sopa) de manteiga cortada em pedaços pequenos e congelados
- ✓ 2 colheres (sopa) de chalotas picadas
- ✓ 2 colheres (sopa) de gengibre fresco picado
- ✓ 1 xícara de suco de laranja fresco
- ✓ 1 colher (sopa) de wondra (mistura de farinha de trigo com farinha de cevada) (se não encontrar, substituir por farinha de trigo)
- ✓ ¼ xícara de creme de leite fresco

Gêmeos II 75

Dourado
- 4 filés de dourado de 150 g cada
- Sal e pimenta-do-reino moída na hora

1. Preaqueça o forno a 150 °C e uma grelha a 190 °C. Tempere o peixe com sal e pimenta a gosto. Sele os filés na grelha dos dois lados por cerca de 5 minutos. Em seguida, transfira-os para uma assadeira e cubra com papel-alumínio. Leve ao forno por 10 minutos.
2. Em uma panela, aqueça o azeite e 1 ½ colher (chá) de manteiga em fogo médio-alto. Adicione as chalotas e o gengibre picados e refogue até que as chalotas fiquem translúcidas, cerca de 2 minutos. Adicione o suco de laranja e deixe levantar fervura, abaixe o fogo e cozinhe até que o suco reduza pela metade. Junte os pedaços de manteiga congelados, polvilhe wondra sobre a manteiga e misture até a manteiga derreter e a consistência ficar cremosa. Finalize o molho incorporando o creme de leite à mistura na panela.
3. Sirva o peixe imediatamente acompanhado do molho bechamel.

✳

Salada de melão cantaloupe, tomate e manjericão com queijo feta
RENDE 4 PORÇÕES

Em nossa casa, quando eu era criança, sempre tínhamos tomates e melões cantaloupe frescos das fazendas próximas. Esta salada é um modo único de combinar dois ótimos sabores.

76 ✳ *Receitas dos astros*

- ✓ 1 melão cantaloupe cortado ao meio e sem sementes
- ✓ ½ cebola roxa sem casca e cortada em meias-luas finas
- ✓ 1 copo de 250 ml de tomates-pera cortados no sentido do comprimento
- ✓ ¾ xícara de folhas de manjericão cortadas à chiffonade
- ✓ ¼ xícara de vinagre balsâmico
- ✓ ¼ xícara de azeite de oliva extravirgem
- ✓ Sal marinho
- ✓ 110 g de queijo feta francês esfarelado

1. Usando um boleador, faça bolinhas de melão e coloque-as em uma tigela grande. Adicione a cebola, o tomate e ½ xícara de manjericão. Misture bem todos os ingredientes.
2. Em uma tigela pequena, misture o vinagre balsâmico, o azeite e o sal.
3. Transfira a mistura de melão e tomates para uma tigela de servir. Regue a salada com o molho vinagrete. Decore com o restante das folhas de manjericão e o queijo feta esfarelado.

✳

Panquecas de fubá com mirtilos e creme azedo
RENDE 8 PORÇÕES

Panquecas de fubá são uma ótima alternativa para o café da manhã. Os sabores do fubá e do buttermilk se unem para fazer deste um prato delicioso.

- ✓ 1 xícara de farinha de trigo
- ✓ 1 xícara de fubá
- ✓ 1 colher (chá) de fermento em pó

- ✓ 1 colher (chá) de bicabornato de sódio
- ✓ ½ colher (chá) de sal
- ✓ 1 ½ xícara de buttermilk
- ✓ ¼ xícara de mel
- ✓ 3 ovos grandes
- ✓ ¼ xícara de óleo vegetal
- ✓ 2 xícaras de creme azedo light
- ✓ ½ xícara de açúcar mascavo
- ✓ 1 copo de 250 ml de mirtilos

1. Preaqueça o forno a 100 °C.
2. Em uma tigela, peneire os ingredientes secos e reserve.
3. Em outra tigela, junte o buttermilk, o mel, os ovos e o óleo. Adicione lentamente a mistura líquida à seca, mexendo sempre. Despeje a massa em um jarro de um litro.
4. Preaqueça uma frigideira grande em fogo médio-alto.
5. Unte a frigideira com óleo de canola em spray. Coloque massa suficiente para render 4 panquecas grandes usando metade da massa. Quando as panquecas começarem a borbulhar, vire-as e cozinhe o outro lado. Devem ficar douradas dos dois lados. Transfira-as para uma assadeira e coloque-as no forno para mantê-las aquecidas. Repita o processo com o restante da massa.
6. Em uma tigela pequena, misture o creme azedo e o açúcar mascavo até dissolver.
7. Sirva as panquecas cobertas com o creme azedo adocicado e mirtilos.

Salada de tomate e pepino com orégano fresco
RENDE 8 PORÇÕES

Esta é uma de minhas saladas favoritas para o verão. Durante a minha infância, sempre tivemos uma horta cheia de pepinos e tomates. Esta é uma salada rápida, fácil e deliciosa que era essencial em nossa mesa.

- 4 pepinos descascados e fatiados
- 4 tomates grandes não muito maduros, sem sementes e cortados em 8 partes
- 1 cebola roxa sem casca, cortada ao meio e dividida em meias-luas finas
- 1 colher (chá) de mostarda de Dijon
- 1 colher (chá) de alho picado
- 3 colheres (sopa) de orégano fresco finamente fatiado
- ¼ xícara de vinagre de vinho tinto
- 1 colher (sopa) de néctar de agave
- ½ xícara de azeite de oliva
- Sal marinho e pimenta-do-reino moída na hora

1. Em uma tigela grande, misture os três primeiros ingredientes e reserve.
2. Em uma tigela pequena, misture a mostarda de Dijon, o alho, o orégano, o vinagre de vinho tinto e o néctar de agave. Adicione lentamente o azeite de oliva à mistura. Tempere com sal e pimenta a gosto.
3. Misture os vegetais com o vinagrete, cubra e leve à geladeira por pelo menos 2 horas antes de servir.

Gêmeos II 79

Panna cotta com purê de framboesa

RENDE 8 PORÇÕES

Nada melhor que framboesas com creme. É a combinação perfeita!

Panna cotta

- ✓ 1 envelope de gelatina
- ✓ 2 colheres (sopa) de água
- ✓ 2 ½ xícaras de creme de leite fresco
- ✓ 1 ½ xícara de creme de leite e leite em quantidades iguais
- ✓ ½ xícara de açúcar
- ✓ 1 fava de baunilha
- ✓ Folhas de hortelã para decorar

Purê de framboesa

- ✓ 3 copos de 250 ml de framboesas
- ✓ ¾ xícara de açúcar
- ✓ 1 colher (sopa) de suco de laranja fresco
- ✓ 1 colher (sopa) de licor Grand Marnier

1. Em uma tigela média, misture a água e a gelatina e reserve para dissolver.
2. Em uma panela média, misture o creme de leite fresco, a mistura de creme de leite e leite e o açúcar em fogo médio-alto. Corte a fava de baunilha ao meio no sentido do comprimento e raspe as sementes com as costas de uma faca. Adicione-as à mistura junto com a fava. Deixe levantar fervura e desligue o fogo. Remova a fava de baunilha e despeje a mistura em uma tigela. Adicione a gelatina dissolvida e misture bem.
3. Unte 4 ramequins com óleo culinário em spray. Divida o creme entre os 4 ramequins e deixe descansar por 10 minutos,

para esfriar. Cubra e coloque na geladeira por pelo menos 4 horas, ou durante a noite.
4. Utilizando o processador de alimentos, faça um purê com 2 copos de framboesas, o açúcar, o suco de laranja e o licor. Passe a mistura por uma peneira fina ou gaze para remover as sementes. Mantenha na geladeira por pelo menos 2 horas antes de servir.
5. Para servir, passe uma faca de mesa ao redor da borda de dentro de cada ramequim, até a panna cotta começar a se soltar. Desinforme cada uma em um pequeno prato individual. Cubra cada porção com purê de framboesa e decore com as framboesas restantes e uma folha de hortelã.

Frango à milanesa em crosta de orégano
RENDE 4 PORÇÕES

O modo à milanesa é um dos meus favoritos para preparar frango. E eu amo este prato com o toque apimentado especial da rúcula!

- ✓ 4 filés de peito de frango
- ✓ 1 xícara de farinha de trigo
- ✓ Sal e pimenta-do-reino moída na hora
- ✓ 2 ovos grandes
- ✓ 1 colher (sopa) de tomilho fresco picado
- ✓ ½ xícara de queijo parmigiano-reggiano ralado
- ✓ 1 ½ xícara de farinha de rosca
- ✓ Óleo vegetal
- ✓ 4 xícaras de baby rúcula
- ✓ Azeite de oliva extravirgem

Gêmeos ♊ 81

- ✓ 2 xícaras de tomates não muito maduros
- ✓ 2 xícaras de queijo parmigiano-reggiano em lascas para decorar
- ✓ 2 limões cortados em 8 partes

1. Corte os filés de frango ao meio no sentido do comprimento. Coloque 4 pedaços de frango em 2 sacos grandes do tipo ziploc, feche e retire todo o ar de dentro. Com um batedor ou martelo de carne, bata no frango dos dois lados até ficarem mais ou menos com a espessura de 2 cm. Reserve.

2. Despeje a farinha de trigo em uma panela e tempere com sal e pimenta a gosto. Em outro recipiente, bata os ovos. Em um terceiro, misture o tomilho, o queijo ralado e farinha de rosca. Passe um pedaço de frango de cada vez na farinha de trigo temperada, depois mergulhe na mistura de ovos batidos e então passe na mistura de farinha de rosca até ficar completamente empanado. Coloque o frango em uma assadeira e cubra com folhas de papel-manteiga. Leve à geladeira por 30 minutos.

3. Preaqueça o forno a 150 °C.

4. Em uma panela grande, aqueça o óleo vegetal em fogo médio-alto. Adicione o frango e frite-o até dourar dos dois lados. Transfira-o para um prato com papel-toalha para absorver o excesso de óleo. Disponha os pedaços em uma assadeira e leve ao forno até que esteja pronto para servir.

5. Coloque a rúcula em uma tigela média e tempere com o azeite extravirgem e o sal. Divida em 4 porções iguais e coloque em pratos individuais. Disponha 2 pedaços de frango em cada prato e cubra com os tomates picados. Sirva acompanhado das fatias de limão e das lascas de queijo.

Câncer

21 de junho a 21 de julho

ALIMENTOS CALMANTES PARA O ESTÔMAGO

Estas escolhas para os nascidos sob o signo de câncer são ótimas para o estômago e para todo o sistema digestivo. Nada pode pegar mais alguém de surpresa que uma dor de estômago ou uma digestão preguiçosa. Cancerianos podem se beneficiar das qualidades destes alimentos para evitar desconfortáveis e muitas vezes embaraçosos problemas digestivos. Os cancerianos sabem tudo a respeito de carinho, cuidado e fazem todo mundo se sentir melhor, por isso é natural que câncer seja o signo que rege o estômago.

Símbolo: caranguejo
Planeta regente: Lua
Parte do corpo regida: estômago
Casa regida no zodíaco: quarta, a casa do lar
Elemento: água
Cor: cinza
Pedra: pérola
Frase-síntese: eu sinto
Característica pessoal: lealdade
Qualidade: cardinal

Câncer e seu planeta regente, a Lua, governam a quarta casa, que se refere ao lar. A Lua e câncer também regem o estômago, o apetite e todo o processo digestivo — incluindo como a nutrição é absorvida. O conjunto de emoções que afeta diariamente esse signo pode levar a uma digestão sensível, mas também lhe confere uma sensibilidade ao panorama emocional que está além dos outros signos.

A Lua representa a mãe e rege as emoções. O signo de câncer é o grande cuidador do zodíaco e representa toda a gama de emoções que a maternidade implica, seja o canceriano mãe ou não: a simpatia e a compaixão, a ternura e a força de uma ursa protegendo os filhotes. Cuidado, ameace a família de um canceriano e sinta o beliscão das poderosas garras do caranguejo!

CÂNCER NA COZINHA

O nascido sob o signo de câncer é especialista em fornecer suporte emocional e, em troca, deseja segurança e conforto. O provérbio "O lar de um homem é seu castelo" é mais verdadeiro para esse signo do que para qualquer outro, seja o canceriano homem ou mulher. São pessoas caseiras, ainda que não sejam as melhores em manter a ordem no lar, e têm talento especial para fazer qualquer um se sentir em casa. Na verdade, se eles não têm família próxima, logo "adotarão" amigos para cuidar. Se você for sortudo o bastante para receber um convite para ir à casa de um canceriano em qualquer ocasião, ainda que seja apenas para um chá com biscoitos, saiba que a refeição será preparada com tanto amor e atenção que você logo vai se sentir membro da família.

Câncer é o signo mais sensível do zodíaco e dizem que aqueles nascidos sob ele sentem a dor dos outros, o que contribui para as suas habilidades cuidadoras. Nenhum outro signo tem instintos maternais tão arraigados quanto câncer. Os cancerianos têm habilidade natural de saber quando recuar para não sufocar os outros. Isso é levado para a cozinha, onde intuitivamente podem saber o que preparar para cada convidado, ainda que desconheçam a comida favorita deles.

Os cancerianos são ainda grandes amantes da comida. Esses gastrônomos natos amam a cozinha e nela se sentem mais à vontade do que em qualquer outro cômodo da casa! Eles podem se sentir mais confortáveis perto de um fogão do que qualquer outro signo. Nada lhes agrada mais do que preparar uma maravilhosa refeição para a família e os amigos. Na verdade, isso pode levá-los "além da Lua" de felicidade. Eles têm talento especial para fazer qualquer um se sentir em casa em sua presença e se alegram com o puro prazer de ver os amigos contentes e saciados com comidas deliciosas.

E, para fechar noite, você pode acabar saindo da casa do canceriano com sua antiga caixa de bijuterias favoritas só porque mencionou que adorava a coleção.

Os nascidos sob esse signo adoram compartilhar o que têm com seus entes queridos, e amigos recém-adotados entram nessa classificação.

CONVIDADOS DE CÂNCER

Nativos de câncer têm esquemas emocionais bem definidos e são extremamente sensíveis ao ambiente, seus arredores, e às pessoas em sua vida. Eles lançam mão da própria sensibilidade para se relacionar com os outros, estabelecer contatos profissionais e obter a compreensão alheia. Seguros de si, os cancerianos podem desenvolver elevada intuição, que irá beneficiá-los, e, como interagem bem com os outros, isso os torna convidados ideais. Os cancerianos são conhecidos pela natureza volúvel, mas, quando se trata de aceitar convites, seus amigos nascidos sob esse signo serão convidados encantadores e charmosos. Se deseja conquistar seus convidados de câncer, sirva um delicioso banquete preparado apenas para eles, para aguçar o excelente apetite deles. Isso ficará bem próximo do prazer que sentem em preparar uma refeição para si mesmos. Apreciam alimentos doces e picantes, os quais, se preparados com carinho, serão recebidos com ternura. Harmonize a refeição com o vinho adequado e terá em suas mãos um canceriano muito sensibilizado, pois sempre ficam mais felizes depois de uma deliciosa refeição.

Sua imaginação é incentivada por roupas de mesa de tecido refinado em tons claros de amarelo e laranja. Fragrâncias de rosas flutuando sob a luz prateada da Lua vai criar uma atmosfera inebriante que agradará ao canceriano e o fará se sentir em casa. Faça desta uma noite memorável e você cairá nas graças desses seres criativos e sensíveis.

PRINCIPAIS ALIMENTOS CALMANTES
PARA O ESTÔMAGO DE CÂNCER

Todos estes alimentos são ótimos para o estômago e para a digestão dos nativos de câncer, mas todos os signos se beneficiarão das propriedades que manterão a comida em movimento.

Trigo-sarraceno. Rico em fibras e aminoácidos, o trigo-sarraceno garante a boa movimentação do trato digestivo e promove o crescimento de probióticos (bactérias saudáveis no intestino), mantendo todo o sistema digestivo em ótima forma. Ele possui muitas propriedades maravilhosas que beneficiam o corpo todo, mas tudo começa no estômago, e o trigo-sarraceno é excelente para o metabolismo de todos os sistemas corporais. É excelente para ser consumido no café da manhã.

Erva-doce. Outro superalimento, a erva-doce tem sido muito utilizada para aliviar problemas do sistema digestivo. Você já deve ter comido algumas sementes ao sair de um restaurante indiano, mas o bulbo e as folhas da planta erva-doce também têm propriedades medicinais. É um estimulante do apetite, antiespasmódico, e suas propriedades podem aliviar dores de estômago. A erva-doce também ajuda a oxidação dos alimentos gordurosos. Cancerianos devem tentar consumir mais do que apenas as sementes, pois não só se sentirão melhor, como terão novas receitas para compartilhar com a família.

Chá-verde. O chá-verde é uma potência: acelera a digestão, ajuda o corpo a decompor os alimentos, alivia a dor de estômago e até combate a intoxicação alimentar. Cancerianos podem apreciar uma pausa para uma xícara de chá à moda antiga todas as noites depois do jantar, assim como qualquer pessoa que queira facilitar a digestão.

Alho-poró. Rico em vitaminas A, C e K e fibras dietéticas, o alho-poró impulsiona o processo de digestão e fortalece o trato digestivo, tornando-se assim uma opção saudável de alimento.

Também ativa a liberação de enzimas do pâncreas, estimulando a digestão. Uma boa tigela de sopa de alho-poró ou consumi-lo refogado, como acompanhamento, pode promover a saúde digestiva para todos os signos.

Abacaxi. Essa fruta contém vitaminas A e C, bromelina e outras enzimas que são de grande benefício para o sistema digestivo. O consumo de algumas fatias de abacaxi depois de cada refeição vai melhorar todo o processo digestório. O estômago sensível do canceriano vai apreciar o alívio. As propriedades anti-inflamatórias reduzirão o inchaço e a dor. Pegue uma dica dos cancerianos e consuma uma dose diária de abacaxi fresco ou um gole de seu dourado suco.

Rabanetes. Rabanetes estimulam a digestão, ajudam na manutenção da saúde do fígado e ativam o fluxo da bile com compostos de enxofre. Rabanetes negros são especialmente úteis em erradicar o muco ao longo do trato digestivo. Todos os signos podem se beneficiar se mantiverem essas preciosidades na geladeira para consumi-las como um lanche saudável, mas os cancerianos devem realmente se entregar. As grandes emoções podem gerar um quadro de indigestão no canceriano, e o mau humor que acompanha esse estado não é bom para esses cuidadores.

Agrião. Consumir uma salada de agrião antes do prato principal pode evitar a indigestão. Também é altamente benéfico para a vesícula biliar, que armazena toda a bile. É ótimo para os nativos de câncer, assim como para todos os outros signos, que devem experimentar essas picantes folhas verdes para manter o sistema digestivo funcionando.

Melancia. Suculenta, doce e divertida para comer mordendo as fatias (e cuspindo as sementes uns nos outros), a melancia é uma das grandes delícias de todos os tempos que as mães servem a seus filhos. E também é boa para você! Usada desde os tempos antigos para estimular a lentidão digestiva, ela alivia a indigestão e possui mais licopeno – um poderoso antioxidante contra os radicais livres – que o tomate.

✳

Salada fria de macarrão soba com tofu e vinagrete de gergelim
RENDE 6 PORÇÕES

Uma ótima salada para um dia quente!

Salada
- ✓ 400 g de macarrão soba cozido e escorrido
- ✓ 2 xícaras de ervilhas frescas sem os talos, branqueadas e cortadas finamente em diagonal
- ✓ 1 xícara de milhos baby cortados em 4 partes
- ✓ ½ xícara de cebolinha sem talos e cortada finamente em diagonal
- ✓ 1 cenoura sem pele e cortada à julienne
- ✓ 1 pimentão vermelho pequeno sem sementes e membranas e cortados à julienne
- ✓ 230 g de tofu extrafirme cortado em cubinhos

Vinagrete de gergelim
- ✓ 1 colher (chá) de alho picado
- ✓ 2 colheres (chá) de gengibre picado

Câncer ♋ 89

- ¼ xícara de molho tamari com baixo teor de sódio
- ¼ xícara de vinagre de arroz temperado
- 2 colheres (sopa) de mel
- 1 colher (sopa) de óleo de gergelim
- ¼ xícara de azeite de oliva
- ¼ xícara de sementes de gergelim tostadas

1. Em uma tigela grande, misture os ingredientes da salada.
2. Em uma tigela pequena, misture o alho, o gengibre, o molho tamari, o vinagre de arroz e o mel. Lentamente, adicione o óleo de gergelim e o azeite, mexendo sempre.
3. Regue o macarrão e os legumes com o molho vinagrete e misture bem. Decore com as sementes de gergelim.

✳

Martíni de gengibre, abacaxi e chá-verde
RENDE 2 MARTÍNIS

Alegria pura, e faz bem também!

- 1 colher (chá) de gengibre fresco picado
- 180 ml de vodca premium
- 110 ml de chá-verde
- 60 ml de suco de abacaxi fresco
- 2 pedaços de abacaxi fresco

1. Amasse o gengibre com a vodca e o chá-verde. Adicione o suco de abacaxi e complete a coqueteleira com gelo.
2. Agite, agite, agite e coe o martíni em 2 copos gelados. Decore com os pedaços de abacaxi.

90 ✳ *Receitas dos astros*

✳

Salada de raspas de erva-doce, laranja sanguínea e baby rúcula

RENDE 4 PORÇÕES

Uma combinação de sabores com um fator surpresa!

Vinagrete

- ✓ 1 colher (chá) de mostarda de Dijon
- ✓ 1 colher (chá) de chalota picada
- ✓ 30 ml de vinagre de vinho tinto
- ✓ 1 colher (sopa) de mel
- ✓ 1 pitada de orégano
- ✓ Sal e pimenta-do-reino moída na hora
- ✓ ¼ xícara de azeite de oliva

Salada

- ✓ 1 xícara de raspas finas de erva-doce
- ✓ 4 laranjas sanguíneas cortadas em pedaços
- ✓ 2 abacates descascados, sem semente e cortados em cubos
- ✓ 230 g de baby rúcula
- ✓ 110 g de queijo feta esfarelado

1. Resfrie 4 pratos para salada.
2. Adicione a mostarda de Dijon, a chalota, o vinagre, o mel, o orégano, o sal e a pimenta na tigela do processador de alimentos. Misture tudo muito bem e então adicione, lentamente e em fluxo contínuo, o azeite de oliva, até o vinagrete emulsificar. Se ficar muito grosso, continue misturando e adicione um pouco de água quente até obter a consistência desejada.

Câncer 91

3. Misture a erva-doce, as laranjas, o abacate e a rúcula em uma tigela grande e regue com o vinagrete. Divida a salada em porções iguais entre os pratos resfriados e decore com o queijo feta esfarelado.

✳

Fritada de alho-poró, batata, cogumelos selvagens e queijo fontina
RENDE 8 PORÇÕES

O brunch de domingo é a hora perfeita para este prato!

- ✓ 2 batatas vermelhas grandes
- ✓ 1 colher (sopa) de manteiga sem sal
- ✓ 1 colher (sopa) de azeite de oliva
- ✓ 3 alhos-porós cortados ao meio no sentido do comprimento e finamente fatiados
- ✓ 1 xícara de cogumelos-ostra cortados em fatias finas
- ✓ 1 xícara de cogumelos crimini
- ✓ 1 colher (chá) de tomilho fresco finamente picado
- ✓ Sal e pimenta-do-reino moída na hora
- ✓ 1 pão de massa azeda sem a casca cortado em fatias de mais ou menos 2,5 cm
- ✓ 230 g de queijo fontina esfarelado
- ✓ 8 ovos grandes batidos
- ✓ 1 xícara de creme de leite fresco e leite em partes iguais

1. Preaqueça o forno a 180 °C.
2. Fure as batatas com um garfo e leve-as ao forno por 1 hora. Deixe esfriar, corte em fatias finas e reserve.

3. Aumente a temperatura do forno para 190 °C.
4. Em uma frigideira grande, em fogo médio-alto, aqueça a manteiga e o azeite de oliva. Adicione o alho-poró, os cogumelos e o tomilho e refogue até que o alho-poró esteja translúcido. Tempere com sal e pimenta a gosto, retire do fogo e deixe esfriar.
5. Unte uma forma de 20 x 30 cm com óleo culinário em spray. Espalhe as fatias de pão de maneira uniforme até que o fundo da forma esteja completamente coberto. Polvilhe o queijo sobre o pão, depois coloque a mistura de alho-poró e cogumelos sobre o queijo e cubra com as fatias de batata.
6. Em uma tigela média, misture os ovos com a xícara de creme de leite fresco e leite, sal e pimenta. Coloque essa mistura sobre as batatas e deixe descansar por 5 minutos. Leve ao forno por 1 hora, ou até que esteja dourado e cozido. Deixe descansar por 10 minutos antes de cortar e servir.

Frango teriyaki grelhado com molho de abacaxi com manga

RENDE 4 PORÇÕES

Molho de abacaxi com manga sempre é benquisto, mas sirva-o com frango teriyaki e você terá um prato para comer rezando!

Frango teriyaki

- ½ xícara de suco de laranja
- ½ xícara de molho de soja com baixo teor de sódio
- ½ xícara de xerez seco
- ½ xícara de óleo de canola

Câncer 93

✓ 1 colher (chá) de alho fresco picado
✓ 1 colher (chá) de gengibre fresco picado
✓ ¼ xícara de açúcar mascavo
✓ 4 filés de peito de frango

Molho de abacaxi com manga
✓ 1 xícara de abacaxi fresco picado em cubinhos
✓ 1 xícara de manga fresca picada em cubinhos
✓ ½ xícara de pimentão vermelho assado e picado
✓ ½ xícara de cebola roxa picada em cubinhos
✓ ½ xícara de coentro fresco picado
✓ ¼ xícara de vinagre de arroz temperado
✓ ¼ xícara de azeite de oliva
✓ Sal

1. Coloque os 7 primeiros ingredientes para fazer uma marinada para o frango em uma tigela média e misture. Adicione os filés de frango, cubra e deixe marinar na geladeira por pelo menos 4 horas ou durante a noite.
2. Misture todos os ingredientes para o molho em uma tigela pequena. Cubra e refrigere por pelo menos 1 hora antes de servir.
3. Preaqueça o forno a 150 °C e uma grelha em fogo médio-alto. Sele o frango por cerca de 3 minutos de cada lado. Transfira-o para uma forma. Cubra com papel-alumínio e leve ao forno por 15 minutos. Retire do forno e deixe descansar por 5 minutos. Sirva acompanhado do molho.

✳

Salada de rabanete, tomate e alface-americana com camarões e queijo azul

RENDE 4 PORÇÕES

Vegetais crocantes e camarões com um pungente queijo azul; que sucesso.

Molho
- ¼ xícara de creme azedo
- ¼ xícara de maionese
- ¼ xícara de buttermilk
- 1 colher (sopa) de chalota picada
- 1 colher (sopa) cebolinha picada
- 1 colher (sopa) de suco de limão fresco
- 110 g de camarões pequenos
- 110 g de queijo azul
- Sal e tempero lemon pepper

Salada
- 1 miolo de alface lavado e dividido em 4 porções
- 8 rabanetes limpos e fatiados
- 450 g de feijão-verde limpo, sem talo e branqueado
- ½ copo de tomates-cereja lavados e sem talos
- 2 ovos cozidos descascados e cortados em 4 partes cada

1. Em uma tigela pequena, misture todos os ingredientes para o molho da salada até obter uma mistura homogênea e cremosa. Refrigere por pelo menos 2 horas, ou durante a noite.
2. Monte a salada em 4 pratos de servir, coloque a alface no centro, os rabanetes de um lado e o feijão-verde, os tomates e os ovos todos em outra parte do prato. Regue o molho sobre a alface e sirva.

Carpaccio de beterraba e agrião com vinagrete de xerez

RENDE 4 PORÇÕES

O agrião é picante o bastante para se destacar com o sabor pungente da beterraba!

Vinagrete de xerez
- ✓ 1 colher (sopa) de vinagre de xerez
- ✓ 1 colher (chá) de chalotas picadas
- ✓ 1 colher (chá) de mostarda de Dijon
- ✓ Sal e pimenta-do-reino moída na hora
- ✓ ¼ xícara de azeite de oliva

Carpaccio
- ✓ 4 beterrabas douradas pequenas cozidas, frias e descascadas
- ✓ 4 beterrabas vermelhas pequenas cozidas, frias e descascadas
- ✓ 1 maço de agrião hidropônico
- ✓ 110 g queijo de cabra esfarelado

1. Em uma tigela pequena, misture o vinagre, a chalota, a mostarda de Dijon, o sal e a pimenta. Então, misture lentamente o azeite. Leve à geladeira até servir.
2. Resfrie 4 pratos de salada no congelador. Corte as beterrabas douradas em fatias bem finas com a ajuda de um mandoline, coloque em um recipiente e deixe na geladeira até a hora de servir. Lave o mandoline e corte as beterrabas vermelhas em fatias bem finas, coloque em um recipiente separado e também leve à geladeira até servir.

96 ✳ *Receitas dos astros*

3. Pouco antes de servir, retire os pratos de salada do congelador e disponha as fatias de beterraba dourada e vermelha em um círculo no centro de cada prato. Divida o agrião em porções iguais e coloque no meio do círculo de fatias de beterrabas. Regue o agrião com o molho vinagrete e decore com o queijo de cabra esfarelado.

✳

Melancia com raspas de cebola maui e limão
RENDE 4 PORÇÕES

Este prato refrescante é uma ótima opção de entrada ou acompanhamento para seu prato principal. Meus clientes adoram a combinação da suculenta melancia com a doce cebola maui. Tenho certeza de que você também vai adorar!

- ✓ 4 xícaras de melancia sem sementes e cortada em cubos
- ✓ 1 xícara de cebola maui ralada (se não encontrar, substituir por metade da quantidade de cebola-roxa)
- ✓ ½ xícara de folhas de hortelã cortadas à chiffonade
- ✓ 1 colher (sopa) de suco de limão
- ✓ 1 colher (sopa) de vinagre de arroz temperado
- ✓ 1 colher (sopa) de açúcar
- ✓ ½ colher (chá) de sal
- ✓ 1 colher (chá) de gengibre fresco descascado e picado
- ✓ 1 colher (chá) de raspas de casca de limão

1. Misture a melancia, a cebola e a hortelã em uma tigela média. Cubra com filme plástico e leve à geladeira.
2. Misture o suco de limão, o vinagre, o açúcar, o sal e o gengibre em uma tigela pequena até obter uma mistura homogê-

nea. Pouco antes de servir, regue a mistura de melancia com o molho e misture levemente. Divida a salada entre 4 pratos de salada e decore com as raspas de limão.

Leão

22 de julho a 22 de agosto

ALIMENTOS PARA MANTER O RITMO

Os alimentos selecionados para os leoninos fazem bem ao coração, exatamente o que recomendam os médicos para manter as engrenagens dos nativos desse signo funcionando em ritmo constante. Leoninos são ambiciosos, confiantes e generosos e têm enorme entusiasmo pela vida, o que exige a atenção das pessoas ao seu redor, facilmente atraídas pelos felinos do zodíaco. Eles tratarão você da mesma forma, o que lhe garantirá um amigo leal para a vida toda.

Símbolo: leão
Planeta regente: Sol
Parte do corpo regida: coração
Casa regida no zodíaco: quinta, a casa da criatividade, do romance e das crianças
Elemento: fogo

Cor: dourado
Pedra: rubi
Frase-síntese: eu vou
Característica pessoal: criatividade
Qualidade: estabilidade

O signo de leão governa a quinta casa, a casa da criatividade, do prazer e do romance, regida pelo Sol. Assim como todos os planetas em nosso sistema solar giram em torno do Sol, os nascidos sob o signo de leão são os que ficam mais satisfeitos quando são o centro das atenções de todos que os cercam. Eles brilham com todo o fogo do Sol e fascinam aqueles que entram em contato com seu brilho. O símbolo desse signo é o majestoso leão, rei da selva, e, assim como o leão com seu orgulho, os leoninos são os reis de seu território e estão sempre cercados por seus fervorosos adoradores.

Os leoninos podem ser considerados os reis da festa do zodíaco, se dão bem com pessoas de todos os estilos de vida e talvez sejam os melhores amigos com quem alguém pode contar, já que responderão imediatamente se você precisar de ajuda. Mantenha os números de telefone de seus amigos leoninos na discagem rápida, e seu próximo jantar se transformará em um grande evento social.

LEÃO NA COZINHA

Leoninos têm personalidade expansiva e se sentem extremamente à vontade em meio ao brilho associado aos eventos sociais. O coração do leonino secretamente bate no mesmo ritmo do das estrelas, esteja ele ou não no centro do palco. Os nascidos sob esse signo adoram entreter sua família, amigos e conhecidos com espetáculos sofisticados. Eles não pouparão gastos para transformar qualquer ocasião no evento do ano!

Eles reinam como estrelas na própria cozinha. Mesmo os leoninos que graciosamente contam com chefs pessoais ou com equipes completas de cozinheiros adoram aparecer na cozinha para checar que petiscos deliciosos estão sendo preparados especialmente para eles. Orgulham-se de ser generosos não só materialmente, mas também com palavras, e assim não pouparão elogios àqueles que estejam preparando sua refeição.

Mas os leoninos também gostam de cuidar de todos os aspectos de suas festas. O nascido sob esse signo é extremamente criativo e vai planejar o menu, desenhar os convites, decorar a sala de jantar, preparar cada prato, e vai estar vestido de maneira impecável a tempo de receber o primeiro convidado. Espere beleza em cada detalhe, diferente de tudo que você já viu. E, já que estamos falando de beleza, você já percebeu como são belos os homens e as mulheres nascidos sob o signo de leão? Basta dar uma olhada para a chef Giada De Laurentiis!

Os leoninos adoram plateia, então a noite pode começar na cozinha, onde o anfitrião ou anfitriã dará os toques finais em uma receita especial, enquanto a plateia vibra e suspira pelo prato finalizado. Ou o leonino pode preparar bifes com sua recém-criada marinada, grelhando-os bem diante dos olhos de seu respeitável público. Pode acreditar, tudo isso será feito com brilho e elegância.

CONVIDADOS DE LEÃO

A mesma habilidade que os leoninos demonstram como anfitriões, possuem como convidados. Existe uma regra simples ao incluir um leonino em sua festa: mantenha os holofotes sobre ele, e seu brilho vai iluminar o ambiente e manter os presentes aquecidos.

Você deve servir pratos suntuosos, dignos de um rei, exóticos, saborosos, pratos que se esperaria encontrar em um palácio. Certifique-se de reservar a cabeceira da mesa para seu convidado leonino, onde ele vai ser o centro das atenções. Quando o leonino ouve o chamamento de seu signo, ele não pode ser nada além de gracioso, e seus demais convidados nem sequer perceberão que os holofotes não estão voltados para eles.

Embora possa parecer que os convidados leoninos são difíceis de lidar, isso simplesmente não é verdade. São educados, compreensivos e demonstrarão gratidão de forma bastante entusiasmada. Quando o leonino está totalmente saciado, você o verá ronronando satisfeito em um piscar de olhos.

A mesa posta com uma delicada toalha dourada e um arranjo central em tons de vinho e dourado vão criar um ambiente encantador, certamente apreciado pelos leoninos. Taças de cristal rubi repletas de um vinho delicioso também serão perfeitas para eles. Belas velas decorativas embelezam qualquer mesa de jantar, mas, com um leonino na sala, a luz das velas pode parecer fraca comparada a ele.

PRINCIPAIS ALIMENTOS PARA MANTER O RITMO DO LEONINO

Todos estes alimentos são ótimos para leoninos e seu enorme coração, mas todos os signos se beneficiarão de suas propriedades, que protegem o coração.

Atum-amarelo. Atum em lata é bom, mas simplesmente não se pode comparar com o produto fresco. O atum-amarelo é uma grande fonte de proteínas, selênio, ómega 3, fósforo, potássio e vitaminas **B1**, **B3** e **B6**, que contribuem para a saúde cardiovascular. Também é muito rico em triptofano, o aminoácido essencial que pode provocar sonolência, fazendo do atum-amarelo uma excelente opção para proporcionar um pouco de relaxamento para o coração extremamente ativo dos nascidos sob o signo de leão.

Amêndoas. Essas nozes tão nutricionais são pequenos pacotes de energia embalados em fibra, planta de ômega 3, cálcio, ácido fólico, fitosteróis, vitamina **E**, magnésio e potássio, ótimos para o coração. Os flavonoides na pele ajudam a baixar o colesterol **LDL** e diminuem o risco de doenças cardíacas. Essas nozes ancestrais foram uma das primeiras plantas a serem cultivadas e eram consumidas especialmente pela realeza, ou seja, exatamente o tipo de alimento que o rei das selvas precisa.

Feijão-preto. Rico em molibdênio — um mineral essencial para o corpo —, vitaminas do complexo **B**, ácido fólico, magnésio, proteína e fibra solúvel, essa leguminosa tem importante papel na prevenção de doenças coronárias associadas aos radicais livres e pode reduzir o risco de ataques cardíacos. Adicionar feijão-preto a sopas e saladas vai ajudar nos cuidados cardiovasculares, essenciais para os leoninos e também para os nativos de outros signos com problemas cardíacos.

Lagosta. Lagosta é o crustáceo exótico perfeito para leão, que aprecia o melhor que a vida tem a oferecer. Nenhuma entrada chama tanto a atenção quanto uma bela lagosta vermelha servida com toda a sua glória! E ninguém pode apreciá-la de maneira tão absoluta quanto o flamejante leonino! Mas a lagosta

Leão ♌ 103

também é um bom alimento para quem quer manter o coração saudável, o que pode ser surpreendente. É pobre em gordura e colesterol, rica em proteínas e cheia de fósforo, selênio, zinco, vitamina B12 e ácidos graxos ômega 3, que protegem o coração de doenças. Então, quem *adora* lagosta deve seguir o bom exemplo dos leoninos.

Pargo-rosa. Ainda que você já tenha ouvido falar, não se dê por satisfeito enquanto não provar o pargo-rosa! Leoninos sabem viver, então encomendam o pargo-rosa na peixaria de sua confiança quando não podem ir ao Havaí para apreciá-lo sob um magnífico pôr do sol. Esse peixe é rico em proteína extremamente magra, vitaminas B6 e B12, selênio e fósforo, e é pobre em gordura. Além disso, é carregado de ômegas e possui propriedades anti-inflamatórias. Trata-se de uma estrela no mundo dos pescados, então é natural que se torne uma estrela no prato dos leoninos, que se veem como as maiores estrelas do zodíaco. E com razão, porque nada brilha mais que o símbolo do signo de leão, o Sol.

Mamão papaia. Essa fruta tropical é cheia de vitaminas A, C, E e K, todos os antioxidantes que beneficiam o sistema cardiovascular e previnem a arteriosclerose. O mamão também contém carpaína, outro benefício para o coração. Alguns acreditam que essa fruta tem poder rejuvenescedor, o que pode contribuir para manter o coração do leonino jovem e saudável.

Açafrão. Esses frágeis filamentos são altamente cobiçados como o tempero mais caro e exótico do mundo, o que o torna particularmente adequado para os leoninos, que adoram tudo que é

104 * Receitas dos astros

especial e se sentem totalmente merecedores do melhor que o mundo tem a oferecer. E isso é bom para eles. Rico nos ácidos graxos ômega 3 e 6, o açafrão pode aliviar a pressão arterial e baixar o colesterol. É rico em manganês, ácido fólico, cobre e potássio, elementos que fazem bem ao coração. Todos esses termos técnicos significam simplesmente que o coração do leonino será mantido no ritmo durante muitos anos. Todos os outros signos preocupados com o tique-taque de seu coração deveriam se dirigir rapidamente à mercearia mais próxima.

Tomates. Extremamente ricos em vitamina C e ótima fonte de vitaminas A e K. Tomates também são cheios de licopeno, um antioxidante que previne doenças do coração. Todos os signos devem se juntar aos leoninos no consumo desse alimento tão saudável algumas vezes por semana

*

Tartare de atum-amarelo sobre wonton com crème fraîche de wasabi e ovas de peixe-voador
RENDE 8 PORÇÕES

Este é um dos meus aperitivos favoritos e um verdadeiro "abre-alas", e leão tem tudo a ver com esse espetáculo!

Tartare
- ✓ 450 g atum-amarelo cortado em pedaços bem pequenos
- ✓ ¼ xícara de cebola maui, ou outra mais adocicada, cortada em cubinhos
- ✓ ½ colher (chá) de alho fresco picado
- ✓ ½ colher (chá) de gengibre fresco picado

Leão ♌ 105

- ✓ 1 colher (chá) de sementes de gergelim preto
- ✓ 1 colher (chá) de sementes de gergelim branco
- ✓ ¼ xícara de molho de soja com baixo teor de sódio
- ✓ 2 colheres (sopa) de vinagre de arroz temperado
- ✓ 1 colher (sopa) de óleo de gergelim
- ✓ 1 pitada de açúcar mascavo

Crème fraîche de wasabi

- ✓ 2 colheres (sopa) de wasabi em pó
- ✓ 2 colheres (sopa) de água
- ✓ ½ xícara de creme azedo
- ✓ ¼ xícara de creme de leite fresco
- ✓ 2 xícaras de óleo de canola
- ✓ 450 g de folhas de wonton
- ✓ 110 g de ovas de peixe-voador

1. Em uma tigela média, misture o atum, a cebola, o alho, o gengibre e as sementes de gergelim. Reserve. Em uma tigela pequena, misture o molho de soja, o vinagre, o óleo de gergelim e o açúcar mascavo. Despeje sobre a mistura de atum e incorpore tudo. Cubra com filme plástico e leve à geladeira.

2. Em uma tigela pequena, misture o wasabi e a água para formar uma pasta. Adicione o creme azedo e o creme de leite fresco ao wasabi até obter uma mistura homogênea. Coloque tudo em um saco de confeitar e leve à geladeira.

3. Aqueça o óleo de canola numa wok em fogo médio-alto por 5 minutos, ou até que fique bem quente. Forre uma forma com papel-toalha e reserve. Teste o óleo com uma folha de wonton para checar se já está quente o bastante. O wonton

deve subir direto para a superfície e dourar. Use pinças para remover a folha do óleo e coloque sobre o papel-toalha. Continue o processo até que todos os wontons fiquem prontos.

4. Disponha os wontons fritos em uma travessa. Com uma colher de sorvete, coloque a mistura de atum em cima dos wontons. Agite bem o saco de confeitar e esprema o crème fraîche em zigue-zague sobre os wontons. Decore com as ovas de peixe-voador e sirva.

✳

Bolo de amêndoas com peras caramelizadas e mascarpone
RENDE 8 PORÇÕES

Preparei este bolo pela primeira vez para um de meus clientes favoritos e acabou se tornando um dos mais adorados de meu cardápio.

Bolo
- 2 ½ xícaras de farinha de trigo
- ½ colher (chá) de bicarbonato de sódio
- ½ colher (chá) de sal
- 2 xícaras de açúcar cristal
- 16 colheres (sopa) de manteiga sem sal em temperatura ambiente
- 5 ovos grandes
- ½ xícara de buttermilk
- 2 colheres (chá) de extrato de amêndoas
- 1 xícara de amêndoas fatiadas

Cobertura

- ✓ 8 colheres (sopa) de manteiga sem sal derretida
- ✓ 2 xícaras de açúcar de confeiteiro
- ✓ 1 colher (chá) de extrato de amêndoas
- ✓ 2 colheres (sopa) de água quente
- ✓ ½ xícara de queijo mascarpone amolecido
- ✓ 1 fava de baunilha cortada ao meio no sentido do comprimento e com as sementes raspadas

Peras

- ✓ 2 colheres (sopa) de manteiga sem sal
- ✓ ½ xícara de açúcar mascavo
- ✓ Peras williams descascadas e fatiadas

1. Preaqueça o forno a 180 °C.
2. Em uma tigela pequena, peneire junto a farinha de trigo, o bicarbonato de sódio e o sal e reserve. Na tigela grande da batedeira, bata a manteiga e o açúcar em velocidade média-alta, até a mistura ficar leve e fofa. Adicione os ovos, um por vez, batendo em velocidade média, misturando bem. Adicione o buttermilk e o extrato de amêndoas e continue batendo. Raspe as laterais da tigela e adicione a mistura de farinha de trigo em velocidade baixa.
3. Divida a massa entre 2 formas de bolo inglês de 22 x 12 cm, untadas, e cubra a superfície com as amêndoas fatiadas. Asse de 40 a 45 minutos, até dourar e ficar completamente cozido. Teste com um palito, se sair limpo após inserido no centro do bolo, está pronto. Deixe esfriar por 15 minutos e então desenforme sobre uma grade. Deixe esfriar por mais 15 minutos.

108 ✳ *Receitas dos astros*

4. Na tigela pequena da batedeira, misture o queijo mascarpone e as sementes da fava de baunilha em velocidade média, até obter uma mistura clara e fofa. Reserve.

5. Em outra tigela da batedeira, misture a manteiga e o açúcar de confeiteiro em velocidade baixa. Adicione o extrato de amêndoas e a água e continue batendo até a mistura ficar homogênea. Faça furos na superfície do bolo com um palito. Espalhe o creme por cima de maneira uniforme. Deixe descansar por 30 minutos antes de servir.

6. Derreta a manteiga em uma panela pequena. Adicione o açúcar mascavo e mexa constantemente. Misture as peras e cozinhe em fogo baixo por 5 minutos, mexendo sempre. Retire do fogo e sirva sobre uma fatia de bolo com 1 bola de queijo mascarpone para acompanhar.

✳

Polenta cremosa com ragu de feijão-preto

RENDE 8 PORÇÕES

Feijão-preto e polenta formam uma ótima dupla!

Feijão-preto

- ✓ 1 colher (chá) de sementes de coentro tostadas
- ✓ 2 colheres (chá) de sementes de cominho tostadas
- ✓ 1 colher (sopa) de folhas secas de orégano tostadas
- ✓ 1 colher (sopa) de azeite de oliva
- ✓ 1 colher (sopa) de manteiga sem sal
- ✓ 1 cebola amarela cortada em cubos médios
- ✓ 3 dentes de alho picados
- ✓ 1 pimentão vermelho sem sementes e membranas e cortado em cubos médios

Leão ♌ 109

- ✓ 450 g de feijões-pretos sem caldo, cozidos de acordo com as instruções da embalagem
- ✓ 2 xícaras de tomates amarelos e vermelhos cortados em cubos
- ✓ ½ xícara de coentro fresco picado
- ✓ Sal

Polenta

- ✓ 1 colher (sopa) de azeite de oliva
- ✓ 1 colher (sopa) de manteiga sem sal, mais 4 colheres (sopa) cortadas em pedacinhos
- ✓ ½ xícara de cebola amarela picada
- ✓ 1 colher (chá) de alho picado
- ✓ 1 colher (sopa) de orégano fresco picado
- ✓ 250 ml de caldo de galinha orgânico
- ✓ 1 colher (chá) de sal
- ✓ 1 xícara de mistura seca para polenta
- ✓ ½ xícara de creme de leite fresco
- ✓ 1 xícara de queijo monterey jack
- ✓ ½ xícara de hortelã fresca
- ✓ 110 g de queijo de cabra esfarelado

1. Em um moedor elétrico, moa as sementes de coentro, as sementes de cominho e o orégano. Reserve. Em uma panela grande, aqueça o azeite e a manteiga em fogo médio-alto. Adicione a cebola, o alho e o pimentão e refogue até que as cebolas fiquem translúcidas, cerca de 3 minutos. Adicione os temperos à mistura de vegetais. Então, adicione o feijão-preto e continue mexendo. Deixe ferver e cozinhar por 20 minutos. Em seguida, adicione o tomate e o coentro e deixe cozinhar por mais 10 minutos. Reserve.

110 ∗ *Receitas dos astros*

2. Para preparar a polenta, aqueça o azeite e 1 colher (sopa) de manteiga em uma panela grande de fundo grosso em fogo médio-alto. Adicione a cebola, o alho e o orégano e refogue até que a cebola esteja translúcida. Adicione o caldo de galinha e o sal e deixe ferver. Aos poucos, adicione a mistura para polenta em um fluxo lento e contínuo, mexendo sempre durante 5 minutos para evitar que se formem grumos. Adicione as 4 colheres (sopa) de manteiga em pedaços na polenta, reduza o fogo e cozinhe por 10 minutos. Adicione o creme de leite fresco e o queijo e mexa até o queijo derreter.

3. Despeje a polenta em uma tigela de servir, fazendo um buraco no centro. Coloque ali o ragu de feijão-preto. Decore com queijo de cabra esfarelado e hortelã picada e sirva.

∗

Macarrão penne com queijo e lagosta
RENDE 8 PORÇÕES

Meu cliente leonino estava se casando e perguntou se eu poderia preparar este prato para sua noiva.

- ✓ 8 colheres (sopa) de manteiga sem sal cortada em pedaços
- ✓ ½ xícara de farinha de trigo
- ✓ 250 ml de creme de leite fresco e leite em proporções iguais
- ✓ 2 colheres (chá) de sal
- ✓ ½ colher (chá) de noz-moscada fresca ralada
- ✓ ¼ colher (chá) de pimenta-branca
- ✓ 3 xícaras de queijo cheddar branco ralado fino
- ✓ 2 xícaras de queijo fontina ralado
- ✓ 900 g de carne de lagosta cozida

Leão & 111

✓ 450 g de macarrão penne cozido e escorrido
✓ 1 xícara de farinha de rosca
✓ 1 xícara de queijo parmigiano-reggiano
✓ ¼ xícara de manteiga derretida

1. Preaqueça o forno a 180 °C.

2. Em fogo médio, derreta a manteiga em uma panela de fundo grosso. Usando um batedor e mexendo sempre, adicione a farinha e mexa por 2 minutos até que o roux esteja borbulhando. Aos poucos e mexendo sempre, adicione a mistura de leite e creme de leite e cozinhe até engrossar e obter uma mistura homogênea. Adicione o sal, a noz-moscada e a pimenta. Retire a panela do fogo e misture os queijos cheddar e fontina até que derretam e incorporem ao molho. Adicione a carne de lagosta e o macarrão e misture bem.

3. Unte 8 ramequins de mais ou menos 200 ml com óleo culinário em spray. Encha-os igualmente com macarrão e queijo, deixando espaço para a cobertura de farinha de rosca. Em uma tigela pequena, misture a farinha de rosca e o queijo parmigiano-reggiano. Adicione a manteiga derretida e misture bem até ficar esfarelado. Cubra cada ramequim com a mistura de farinha de rosca, queijo e manteiga e leve ao forno por 30 minutos, ou até dourar e ficar borbulhante.

✳

Pargo-rosa recheado com caranguejo ao molho bordelaise de lagosta
RENDE 4 PORÇÕES

Pargo-rosa é o melhor peixe do planeta! Na minha opinião.

Pargo-rosa

- ✓ 4 filés de 150 g de pargo-rosa
- ✓ 110 g de carne de caranguejo fresca
- ✓ 1 xícara de farinha de trigo
- ✓ 1 colher (chá) de sal
- ✓ 1 colher (chá) de páprica
- ✓ 3 ovos
- ✓ 2 xícaras de farinha de rosca
- ✓ 1 xícara de óleo de canola

Bordelaise de lagosta

- ✓ 3 colheres (sopa) de manteiga sem sal
- ✓ 1 colher (sopa) de azeite de oliva
- ✓ 1 chalota picada
- ✓ 1 xícara de cenouras cortadas em cubinhos
- ✓ 2 colheres (sopa) de farinha de trigo
- ✓ 1 colher (chá) de pasta de lagosta
- ✓ ¼ xícara de xerez seco
- ✓ 1 xícara de creme de leite fresco
- ✓ 3 ramos de tomilho fresco
- ✓ 1 xícara de carne de lagosta cozida cortada em fatias finas
- ✓ 1 colher (sopa) de salsa fresca picada

1. Preaqueça o forno a 150 °C.
2. Faça um corte na lateral de cada filé de pargo-rosa e encha com a carne de caranguejo. Feche a abertura e reserve o peixe.
3. Misture a farinha, o sal e a páprica em um saco do tipo ziploc e agite bem. Despeje a farinha temperada em um prato ou panela rasa. Bata os ovos em um recipiente separado. Coloque a farinha de rosca em um terceiro recipiente. Passe o

peixe na mistura de farinha, mergulhe-o nos ovos batidos e envolva-o na farinha de rosca. Aqueça o óleo em uma panela grande em fogo médio-alto. Adicione o peixe e frite de 2 a 3 minutos de cada lado, até dourar. Transfira para uma forma e leve descoberto ao forno por 20 minutos.

4. Enquanto isso, prepare o bordelaise de lagosta. Em uma frigideira, aqueça 1 colher (sopa) da manteiga e o azeite de oliva em fogo médio-alto. Adicione as chalotas e as cenouras e refogue por 3 minutos. Reduza o fogo e adicione as 2 colheres restantes de manteiga e a farinha, mexendo sempre. Adicione a pasta de lagosta e o xerez seco. Incorpore o creme de leite e os ramos de tomilho sem parar de mexer, até que o molho comece a engrossar. Reduza o fogo e cozinhe por 5 minutos. Remova os ramos de tomilho, adicione a carne de lagosta e misture.

5. Sirva o peixe com o molho e pedaços de lagosta. Decore com a salsa fresca picada.

✳

Vieiras com manteiga de açafrão

Açafrão é a especiaria mais cara do mundo! Perfeita para os leoninos.

Molho de manteiga de açafrão

- ✓ 8 colheres (sopa) de manteiga sem sal cortada em cubinhos congelados, mais 1 colher (sopa)
- ✓ 1 colher (sopa) de azeite de oliva
- ✓ ¼ xícara de chalotas picadas
- ✓ ¼ xícara de suco de limão fresco

114 ✳ *Receitas dos astros*

- ✓ ¼ xícara de vinho branco
- ✓ ¼ colher (chá) de açafrão
- ✓ 2 colheres (sopa) de farinha de trigo
- ✓ 1 xícara de creme de leite fresco

Vieiras

- ✓ 450 g de vieiras
- ✓ Sal e pimenta-do-reino moída na hora
- ✓ 1 colher (sopa) de azeite de oliva
- ✓ 1 colher (sopa) de manteiga sem sal
- ✓ 2 tomates italianos cortados em cubinhos
- ✓ ¼ xícara de folhas de salsa picadas

- ✓ Arroz cozido para acompanhar

1. Coloque os pedaços de manteiga no freezer.
2. Em uma panela grande, aqueça o azeite e a colher de manteiga restante em fogo médio-alto. Adicione a chalota e refogue até ficar translúcida. Adicione o suco de limão, o vinho branco e o açafrão, reduza o fogo para "baixo", deixando ferver por 5 minutos. Adicione os pedaços de manteiga congelados e a farinha na panela e mexa até o molho engrossar. Misture o creme de leite com o molho e deixe ferver.
3. Limpe as vieiras e remova o músculo lateral. Tempere-as com sal e pimenta a gosto e reserve. Em uma panela de fundo grosso, aqueça o azeite de oliva e a manteiga em fogo alto. Quando estiver quente, adicione as vieiras e sele-as de 2 a 3 minutos de cada lado, até ficarem douradas. Se nem todas couberem na panela, cozinhe-as em pequenas porções e transfira-as para um prato, cobrindo com papel-alumínio.

4. Sirva as vieiras sobre o arroz regadas com o molho de açafrão; decore com os tomates picados e a salsa.

✳

Papaia recheado com ceviche de camarão
RENDE 2 PORÇÕES

Este prato é maravilhoso acompanhado de uma taça de vinho branco em um dia quente de verão!

- ✓ 1 colher (sopa) de sal kosher
- ✓ 450 g de camarões pequenos sem casca e limpos
- ✓ Suco de 1 limão, mais ½ limão cortado em fatias
- ✓ 1 colher (chá) de raspas de limão
- ✓ ½ xícara de leite de coco
- ✓ ½ colher (chá) de gengibre fresco picado
- ✓ ½ cebola maui cortada em cubos (se não encontrar, substituir por metade da quantidade de cebola-roxa)
- ✓ 2 colheres (sopa) de coentro picado
- ✓ 1 tomate sem semente e cortado em cubinhos
- ✓ 1 papaia perfeitamente maduro sem casca, sem sementes e cortado em cubos, mais 1 papaia cortado ao meio no sentido do comprimento e sem sementes

1. Ferva uma panela média de água e adicione sal. Coloque os camarões na água fervente por 1 minuto, então os transfira imediatamente para uma tigela com gelo e água gelada. Escorra os camarões e reserve. Em uma tigela média de vidro, misture o suco de limão, as raspas de limão, o leite de coco, o gengibre, a cebola, 1 colher (sopa) de coentro e o tomate.

Junte o camarão. Cubra e refrigere por 30 minutos. Retire da geladeira, adicione os cubos de papaia, tempere com sal e misture.

2. Encha cada metade do papaia com o ceviche e decore com as fatias de limão e o coentro restante.

✳

Napoleon de tomate e muçarela de búfala
RENDE 4 PORÇÕES

Como cresci em uma importante área de fazendas, sou totalmente mimada quando o assunto é sobre o rei das colheitas, o tomate. Se não conseguir bons tomates, não faça esta salada. Tudo depende deles!

- ✓ 4 fatias grossas de pão rústico untadas com azeite de ambos os lados
- ✓ 4 pratos de salada grandes resfriados
- ✓ 4 tomates, mais ou menos do mesmo tamanho, cortados em 4 fatias cada
- ✓ 2 bolas de cerca de 230 g cada de muçarela de búfala cortadas em 8 fatias cada
- ✓ 20 folhas grandes de manjericão, 16 inteiras para as camadas e 4 enroladas e cortadas à chiffonade para decorar
- ✓ Sal marinho e pimenta-do-reino moída na hora
- ✓ Vinagre balsâmico
- ✓ Azeite de oliva extravirgem

1. Aqueça uma grelha em fogo médio. Grelhe as fatias de pão dos dois lados até que fiquem marcadas. Reserve.

2. Monte 2 napoleons em cada prato, intercalando 1 fatia de muçarela com 1 de manjericão e 1 de tomate, então repita o processo. Deverá haver 2 fatias de muçarela, 2 de tomate e 2 de manjericão em cada napoleon. Tempere com sal e pimenta a gosto. Regue com o vinagre balsâmico e o azeite. Decore com as folhas de manjericão picadas.

3. Corte o pão grelhado na diagonal e sirva em um prato junto com os napoleons.

Virgem
23 de agosto a 22 de setembro

ALIMENTOS CALMANTES PARA OS NERVOS

Todos estes alimentos foram cuidadosamente selecionados para os nascidos sob o signo de virgem, o signo que rege o sistema nervoso. Eles vão manter os virginianos equilibrados e ativos mesmo em uma encruzilhada, capazes de digerir, descansar e lidar com todo o estresse que advém quando estão tentando ser perfeitos. Todos os demais signos que têm de estar em forma para enfrentar as batalhas da vida certamente se beneficiarão destes alimentos.

Símbolo: a virgem
Planeta regente: Mercúrio
Parte do corpo regida: sistema nervoso
Casa regida no zodíaco: sexta, a casa da saúde e do serviço
Elemento: terra
Cor: azul-marinho
Pedra: safira
Frase-síntese: eu analiso
Característica pessoal: escrúpulo
Qualidade: mutável

Virgem governa a sexta casa, a do dever, da saúde e do serviço, juntamente com seu planeta regente, Mercúrio. Os indivíduos nascidos sob esse signo são os críticos do zodíaco e analistas natos. Têm raciocínio rápido, são mestres em se comunicar e grandes pensadores. Mas, acima de tudo, é seu aguçado poder de observação que se sobressai; nada lhes escapa. Eles têm olhos de falcão e estão prontos para atacar sua presa. Esses aplicados trabalhadores conseguem resolver qualquer questão relacionada ao fluxo de dinheiro, até da mais alta corporação. São perfeccionistas que continuarão no serviço até que cada coluna da contabilidade tenha sido computada, verificada, checada, com todos os pingos nos "is", os "ts" cortados para enfim o relatório anual estar pronto para ser entregue. Mas, ao mesmo tempo, devem cuidar da saúde e estar cientes de seu sistema nervoso superestressado!

VIRGEM NA COZINHA

Os nativos de virgem se sentem à vontade na cozinha e adoram equipamentos e utensílios complexos e elaborados. Nada lhes agrada mais que examinar os manuais e entender a maneira perfeita de cortar e fatiar para elaborar uma deliciosa refeição.

Virginianos são anfitriões perfeitos, pois planejam tudo nos mínimos detalhes. Se você é um dos sortudos que faz parte de sua lista de convidados, a noite irá além de qualquer expectativa que você pudesse ter. O cardápio será elaborado com o mesmo planejamento dedicado a chefes de Estado ou dignitários

120 ✳ *Receitas dos astros*

visitantes. Uma vez que são preocupados com a saúde, o chef virginiano dará especial atenção a qualquer restrição alimentar de seus convidados, mas não pense nem por um minuto que a refeição será tediosa ou sem gosto. Você nunca vai perceber qualquer "substituição" nas receitas.

Os nascidos sob o signo de virgem são perfeccionistas em tudo que fazem, então o jeito como trabalham na cozinha não é nada diferente daquilo que seriam em qualquer outra tarefa que assumissem. Eles têm tamanha atenção aos detalhes que, provavelmente, são melhores que qualquer outro signo ao reproduzir as mais complicadas receitas. Virginianos conseguem analisar os ingredientes complexos e as instruções do livro de culinária francesa mais prestigiado, alterar a receita para uma versão mais saudável, seguir precisamente todos os passos e preparar uma deliciosa refeição que vai fazer você se lembrar de uma caminhada ao longo do rio Sena.

CONVIDADOS DE VIRGEM

Virginianos adoram convite para jantar em qualquer festa, desde que seja refinada e elegante. Seu símbolo, a virgem, poderia sugerir que são puritanos e fogem do que é de mau gosto ou do que não é refinado, mas não se engane. Acontece que eles preferem muito mais o engajamento social a uma noite casual em um bar qualquer, onde talvez não consigam se conectar em nível intelectual com outra pessoa. Os nascidos sob o signo de virgem anseiam por trocas brilhantes com outros convidados com a mesma opinião, estimulando conversas e brincadeiras espirituosas.

São sofisticados e convidados educados para o seu mais refinado jantar. O virginiano teria seu sonho realizado se seu as-

Virgem ♍ 121

sento ficasse entre o abnegado Gandhi e o diretor clínico da Clínica Mayo, satisfazendo tanto sua ligação com o dever e seu senso de servir ao próximo, quanto seu interesse por problemas de saúde. Como isso não é possível, acomode-o entre dois críticos extraordinários e ele ficará feliz.

Prepare uma mesa elegante com toalha azul-marinho e detalhes prateados — a cor de Mercúrio. Castiçais de prata com velas também prateadas cintilantes certamente serão uma boa escolha. Para um toque especial, disponha arranjos de áster individuais em pequenos vasos de prata e ramos de hera espalhados pelo centro da mesa. Essa atenção redobrada aos detalhes vai definitivamente encantar qualquer virginiano e dar o tom para o evento mais requintado da temporada.

PRINCIPAIS ALIMENTOS CALMANTES PARA VIRGEM

Todos estes alimentos são ótimos para virgem e o sistema nervoso, mas todos os signos podem se beneficiar das propriedades calmantes que possuem.

Acelga chinesa. Essa verdura chinesa protege contra a depressão e é muito importante para o funcionamento dos nervos. Também protege o sistema nervoso, o que a torna uma excelente opção para os virginianos, que precisam manter os nervos em boas condições. A acelga chinesa possui altas concentrações de vitaminas A, C, e K, potássio e cálcio. Os dois últimos, cruciais para o relaxamento dos músculos e dos nervos. Sendo assim, os virginianos deveriam preferir uma tigela de acelga chinesa no vapor a um copo de leite na hora de dormir.

122 ✳ Receitas dos astros

Brócolis. Rico em vitaminas A, C, e K, o brócolis auxilia no metabolismo da vitamina D, que pode manter o sistema nervoso do virginiano livre da depressão. O almoço poderoso de um nativo desse signo deve incluir um bom cozido ou refogado de brócolis, para funcionar como antidepressivo. Ou, melhor ainda, os virginianos poderiam fazer reserva para jantar no melhor restaurante chinês da cidade, onde podem se deliciar com brócolis e carne acompanhados de acelga chinesa e assim fazerem uma relaxante última refeição. Obviamente, podem precisar de motorista ou talvez tenham de pegar um táxi para casa, já que podem ficar tranquilos demais!

Carne orgânica. Muito rica em triptofano, que nos deixa sonolentos, a carne orgânica magra é justamente o que os virginianos altamente críticos precisam para descansar a mente hiperativa e ter uma boa noite de repouso. Obviamente, esse é um alimento que eles devem consumir à noite, já que não podem voltar a seu posto de trabalho altamente estressante depois do almoço se estiverem muito relaxados. Qualquer outro signo que precise de uma noite tranquila deve fazer da carne orgânica magra seu calmante natural.

Lavanda. Essa perfumada erva deve cercar todos os virginianos, em seu jardim, armário de remédios e despensa. É de grande benefício para o sistema nervoso, aliviando dores de cabeça por estresse e depressão, facilitando o relaxamento e a comunicação global entre todos os nervos corporais. Não é estranho que a lavanda seja a erva de virgem, uma vez que "comunicação" é de suma importância para os nativos desse signo, que governa o sistema nervoso. Uma máscara de dormir perfumada

Virgem ♍ 123

com lavanda seria de grande ajuda para uma boa noite de sono do virginiano, para mantê-lo alerta para a perfeição que todos esperam em seu trabalho diário.

Lentilhas. Sopa de lentilhas, sobretudo o prato indiano kitchari, tem efeito calmante e é bom para o sistema nervoso. Lentilhas são excelentes fontes de proteína, cálcio, ácido fólico e outras vitaminas e minerais. Esses minerais auxiliam na manutenção da energia e mantêm o sistema nervoso forte e vigoroso. A falta de ácido fólico pode causar depressão, o que deixará o crítico virginiano cheio de emoção, algo que vai contra sua natureza. Virginianos devem fazer uma pausa oportuna e ir ao restaurante indiano mais próximo uma vez por semana para recarregar as energias com esses grãos tão benéficos.

Abóbora. Virginianos certamente sabem tudo sobre "lutar ou fugir", mas também precisam relaxar e curtir as características resultantes da versão mais calma de si ou do sistema nervoso parassimpático. A abóbora é cheia de vitaminas e minerais que ajudam a gerenciar o estresse e facilitam para que os virginianos fiquem mais descontraídos e seu sistema nervoso descanse. Talvez uma torta de abóbora seja exatamente o que o médico receitaria para esses indivíduos ligeiramente intensos.

Ervilhas secas. As excelentes ervilhas secas têm sido usadas como remédio, assim como ótimas fontes de proteína, há centenas de anos. São nutritivas e deliciosas e têm propriedades antidepressivas e antiansiedade, o que é formidável para o sistema nervoso do virginiano. Outras propriedades benéficas para a saúde incluem fibras, triptofano, manganês e ácido fólico, tudo que vai estimular o sistema nervoso delicado daqueles propensos à depressão, algo que assola os sobrecarregados virginianos. Uma boa tigela de sopa de ervilha vai de fato acalmar nervos em frangalhos!

Peru. O peru é uma excelente fonte de triptofano e apresenta altos níveis de vitaminas B3 e B6, selênio, zinco e ferro. Isso não só melhora o humor, como promove o sono, o que aliviará tanto o estresse quanto a depressão quando a casa de máquinas dos virginianos entrar em colapso, devido à sobrecarga de seu aguçado sistema nervoso. Com um pouco de sono e relaxamento, eles rapidamente estarão de volta ao topo do jogo analítico. Todos os signos deveriam seguir seus amigos virginianos até o corredor da carne de peru no supermercado!

Acelga chinesa refogada com pimentões vermelhos e shimeji-preto
RENDE 4 PORÇÕES

Os cogumelos shimeji-preto são o ponto alto deste prato!

- 4 xícaras de caldo de galinha (1 xícara para a acelga chinesa e 3 para o arroz)
- 2 colheres (sopa) de manteiga sem sal
- ½ colher (chá) de sal
- 425 g de arroz Jade Pearl (se não encontrar, substituir por arroz integral)
- 1 colher (sopa) de azeite de oliva
- 1 colher (sopa) de óleo de gergelim

- 1 colher (chá) de gengibre fresco picado
- 1 colher (chá) de alho fresco picado
- 450 g de cogumelos shimeji-preto
- 12 cabeças de acelga chinesa
- 2 pimentões vermelhos assados, sem semente, sem pele e em tiras
- 2 colheres (sopa) de molho de feijão-preto e alho
- 2 colheres (sopa) de xerez seco
- 1 colher (sopa) de mel
- 2 colheres (sopa) de sementes de gergelim tostadas

1. Em uma panela média, ferva 3 xícaras de caldo de galinha, a manteiga e o sal em fogo médio-alto. Adicione o arroz, reduza o fogo e deixe ferver. Então, tampe e cozinhe por 20 minutos, ou até que o líquido seja absorvido. Retire do fogo.
2. Em uma wok, aqueça o azeite e o óleo de gergelim em fogo médio-alto. Quando estiver quente, adicione o gengibre, o alho e os cogumelos shimeji-preto, mexendo constantemente de 2 a 3 minutos. Adicione a acelga chinesa e continue mexendo por 5 minutos. Coloque as tiras de pimentão, o caldo de galinha restante, o molho de feijão-preto, o xerez e o mel, e então reduza o fogo e deixe cozinhar por 5 minutos.
3. Solte o arroz com um garfo. Coloque 1 colher de arroz em 4 tigelas rasas. Cubra com a acelga chinesa refogada. Decore com as sementes de gergelim tostadas.

Macarrão orecchiette com brócolis e pecorino
RENDE 8 PORÇÕES

Este é um prato leve e maravilhoso!

126 ✳ *Receitas dos astros*

- ✓ 450 g de macarrão orecchiette
- ✓ 450 g de brócolis sem talos e cortados em tamanhos pequenos
- ✓ 2 colheres (sopa) de azeite de oliva
- ✓ 4 colheres (sopa) de manteiga sem sal
- ✓ 1 colher (sopa) de alho picado
- ✓ Sal e pimenta-do-reino moída na hora
- ✓ 1 xícara de queijo pecorino ralado

1. Coloque 2 panelas grandes com água salgada para ferver em fogo alto. Adicione o macarrão a uma delas e cozinhe de 9 a 11 minutos, ou até ficar al dente. Adicione o brócolis à outra panela e deixe cozinhar por 5 minutos. Escorra-o e coloque em uma tigela com água fria e gelo. Escorra novamente e reserve.

2. Em uma frigideira grande, aqueça o azeite e a manteiga em fogo médio-alto. Adicione o alho e o brócolis e refogue por 3 minutos. Tempere com sal e pimenta a gosto. Escorra o macarrão e transfira para uma tigela grande. Despeje o brócolis sobre a massa e misture. Polvilhe com o queijo ralado.

✳

Contrafilé grelhado com cogumelos portobello e molho de raiz-forte
RENDE 2 PORÇÕES

De vez em quando preciso de um bom bife grelhado com tudo a que tenho direto! Este é o meu escolhido!

Marinada
- ✓ 1 colher (sopa) de tempero para carne de sua escolha
- ✓ 1 colher (sopa) de mostarda moída
- ✓ 1 colher (sopa) de alho fresco picado
- ✓ ¼ xícara de molho inglês
- ✓ ¼ xícara de azeite de oliva
- ✓ 2 bifes de contrafilé

Molho de raiz-forte
- ✓ ½ xícara de creme azedo
- ✓ ½ xícara de maionese
- ✓ ½ xícara de raiz-forte

Cogumelos
- ✓ 1 colher (sopa) de azeite de oliva
- ✓ 1 colher (chá) de alho fresco picado
- ✓ 1 cebola amarela grande cortada ao meio no sentido do comprimento e fatiada em meias-luas
- ✓ 1 cogumelo portobello sem o talo e cortado em fatias bem pequenas
- ✓ Sal e pimenta-do-reino moída na hora

1. Em uma tigela pequena, misture todos os ingredientes para a marinada. Coloque os bifes em um recipiente raso e cubra com a marinada. Tampe o recipiente e deixe na geladeira durante a noite.

2. Em uma tigela pequena, misture o creme azedo, a maionese e a raiz-forte. Cubra e leve à geladeira por 1 hora.

3. Em uma panela grande, aqueça o azeite em fogo médio-alto. Adicione o alho e a cebola fatiada e refogue até a cebola ficar

translúcida. Adicione o cogumelo e refogue por mais 5 minutos, ou até ficar macio. Tempere com sal e pimenta a gosto.
4. Preaqueça uma grelha em fogo médio-alto. Grelhe os bifes de ambos os lados na temperatura adequada para o ponto desejado (48-54 °C para malpassado, 54-60 °C para ao ponto menos, 57-63 °C para ao ponto, 63-68 °C para ao ponto mais e mais de 68 °C para bem passado). Transfira os bifes para um prato e deixe descansar por 10 minutos. Corte em tiras na diagonal e sirva com os cogumelos, a cebola e o molho de raiz-forte.

※

Lentilhas verdes e ensopado de legumes assados
RENDE 8 PORÇÕES

Amo lentilhas, e assar os legumes primeiro realmente aprimora o sabor do prato!

- ✓ 2 cebolas amarelas cortadas em cubos médios
- ✓ 3 cenouras descascadas e cortadas em cubos médios
- ✓ 4 talos de aipo cortados em cubos médios
- ✓ 250 g cogumelos crimini lavados e cortados em 4 partes
- ✓ 450 g de tomates-cereja lavados e cortados em 4 partes
- ✓ 5 colheres (sopa) de azeite de oliva
- ✓ 1 colher (chá) de sal marinho
- ✓ 1 colher (sopa) de manteiga sem sal
- ✓ 2 dentes de alho picados
- ✓ 6 xícaras de caldo de galinha orgânico
- ✓ 1 folha de louro
- ✓ 6 ramos de tomilho fresco

Virgem ♍ 129

- ✓ 2 xícaras de lentilhas verdes
- ✓ 2 colheres (chá) de cominho em pó
- ✓ Sal e pimenta-do-reino moída na hora
- ✓ 1 xícara de creme azedo
- ✓ ½ xícara de salsa picada

1. Preaqueça o forno a 200 °C. Misture as cebolas, as cenouras, o aipo, os cogumelos e os tomates com 4 colheres (sopa) de azeite de oliva e o sal. Espalhe os legumes em uma forma e leve ao forno por 45 minutos, ou até começarem a dourar.
2. Em uma panela grande de fundo grosso, aqueça a colher (sopa) de azeite de oliva restante e a manteiga em fogo médio-alto. Adicione o alho e refogue por 2 minutos. Coloque 4 xícaras de caldo de galinha e deixe ferver. Adicione a folha de louro, o tomilho e as lentilhas, reduza o fogo, tampe e cozinhe de 30 a 35 minutos, até que as lentilhas estejam macias. Adicione os legumes assados, as 2 xícaras restantes de caldo de galinha e o cominho e deixe ferver por mais 20 minutos. Retire a folha de louro e os ramos de tomilho antes de servir. Sirva com 1 colherada de creme azedo e decore com salsa picada

✳

Biscoitos de lavanda e raspas de limão
RENDE 36 BISCOITOS

Vivo próximo à mais bela fazenda de lavanda. Se algum dia você estiver em Maui, não deixe de visitar a fazenda Ali'i Kula Lavender, ou faça uma visita online: <www.aliikulalavender.com>.

130 ✳ *Receitas dos astros*

Biscoitos

- ✓ 3 xícaras de farinha de trigo
- ✓ 250 g de manteiga sem sal
- ✓ ¾ xícara de açúcar de confeiteiro
- ✓ 1 colher (chá) de botões de lavanda secos e triturados
- ✓ ¼ colher (chá) de raspas de limão

Cobertura

- ✓ 2 xícaras de açúcar de confeiteiro
- ✓ 1 colher (sopa) de água
- ✓ 1 colher (sopa) de manteiga
- ✓ 1 colher (sopa) de glucose de milho light
- ✓ ½ colher (chá) de raspas finas de limão

1. Coloque a farinha de trigo em uma tigela e reserve.
2. Com o mixer, bata a manteiga e o açúcar em uma tigela na velocidade média. Adicione os botões de lavanda e as raspas de limão e misture até incorporar. Coloque pequenas quantidades da farinha de trigo peneirada, um pouco de cada vez, e misture até ficar homogêneo.
3. Molde a massa em formato de rolo e envolva em papel-filme. Continue moldando o rolo até formar um retângulo comprido com os lados iguais. Leve ao congelador por 2 horas.
4. Preaqueça o forno a 160 ˚C.
5. Corte a massa em biscoitos de mais ou menos 1,5 cm de espessura e coloque em formas para biscoitos. Asse por 20 minutos, ou até ficarem levemente dourados. Retire do forno e deixe sobre uma grade para esfriar.
6. Com o mixer, bata os ingredientes da cobertura, exceto as raspas de limão, na velocidade média até obter uma mistura

fofa; adicione mais água se necessário. Por fim, junte as raspas de limão e misture. Passe sobre os biscoitos.

Cupcakes de abóbora e especiarias com cobertura de cream cheese e gengibre caramelizado
RENDE 24 CUPCAKES

O gengibre caramelizado realça mesmo o sabor da abóbora.

Cupcakes
- 2 xícaras de farinha de trigo
- 1 xícara de açúcar granulado
- 1 xícara de açúcar mascavo
- ½ colher (chá) de sal
- 1 colher (chá) de bicarbonato de sódio
- 1 colher (chá) de fermento em pó
- 2 colheres (chá) de canela em pó
- ½ colher (chá) de noz-moscada ralada
- 1 pitada de cravo moído
- 3 ovos grandes
- 1 xícara de óleo vegetal
- 2 xícaras de abóbora cozida e amassada
- 2 colheres (chá) de extrato de baunilha
- 1 xícara de nozes ou pecãs picadas

Cobertura
- 3 ½ xícaras de açúcar de confeiteiro
- 225 g de cream cheese
- 8 colheres (sopa) de manteiga sem sal amolecida

132 ✷ *Receitas dos astros*

- ✓ 1 ¼ colher (chá) de extrato de baunilha
- ✓ 1 xícara de gengibre cristalizado finamente cortado

1. Preaqueça o forno a 180 °C.
2. Em uma tigela média, junte todos os ingredientes secos peneirados e reserve.
3. Com o mixer, bata os ovos, o óleo, a abóbora amassada e o extrato de baunilha por 3 minutos. Gradualmente, adicione os ingredientes secos à mistura de abóbora até que estejam completamente misturados. Misture 1 xícara de nozes tostadas.
4. Forre 2 formas de muffins com forminhas de papel. Divida a massa igualmente entre as 24 cavidades das formas. Asse os cupcakes de 20 a 25 minutos, até que, ao inserir um palito no centro do bolinho, ele saia limpo. Deixe esfriar na forma.
5. Em uma tigela média, misture o açúcar de confeiteiro, o cream cheese, a manteiga e o extrato de baunilha. Bata até ficar fofo. Cubra os cupcakes frios com essa mistura e decore com gengibre caramelizado.

✷

Sopa de ervilha seca com panceta assada
RENDE 8 PORÇÕES

Comecei a usar panceta nesta sopa por causa do meu marido. Isso faz com que ele se lembre de suas raízes europeias.

- ✓ 12 fatias grossas de panceta
- ✓ 1 cebola cortada em cubinhos
- ✓ 2 cenouras descascadas e cortadas em cubinhos
- ✓ 3 talos de aipo cortados em cubinhos

Virgem ♍ 133

- ✓ 3 dentes de alho picados
- ✓ 6 xícaras de água
- ✓ 450 g de ervilhas secas lavadas e escorridas
- ✓ 1 folha de louro
- ✓ 6 raminhos de tomilho fresco
- ✓ Sal e pimenta-do-reino moída na hora
- ✓ ½ xícara de salsa picada

1. Aqueça uma panela grande de fundo grosso em fogo médio. Adicione a panceta e frite até ficar crocante. Transfira para um recipiente forrado com papel-toalha para absorver o excesso de gordura. Na panela, deixe apenas o suficiente da gordura da panceta para dourar os legumes.
2. Adicione a cebola, a cenoura, o aipo, o alho à gordura na panela e refogue até a cebola ficar translúcida. Adicione a água, as ervilhas, a folha de louro e os raminhos de tomilho.
3. Despedace 8 fatias de panceta e adicione à sopa. Deixe ferver, reduza o fogo e, mexendo ocasionalmente, cozinhe por 1 hora e 30 minutos, ou até as ervilhas ficarem macias. Tempere com sal e pimenta a gosto. Retire do fogo e descarte a folha de louro. Coloque a sopa em tigelas e decore com salsa e com o restante da panceta cortada em pedacinhos.

✳

Peito de peru assado com tomilho-limão e abóbora-menina
RENDE 4 PORÇÕES

Fiz este prato para Jenny McCarthy enquanto passávamos um mês em Jacksonville, na Flórida. Não preciso dizer que, desde então, preparei a mesma receita várias vezes para ela.

134 ✳ *Receitas dos astros*

Marinada
- ✓ 2 colheres (sopa) de alho picado
- ✓ 1 colher (sopa) de tomilho-limão picado, mais 10 ramos inteiros
- ✓ 1 colher (sopa) de sálvia fresca picada
- ✓ Suco de 2 limões
- ✓ 6 colheres (sopa) de azeite de oliva

Peru
- ✓ 1 peito de peru com osso pesando cerca de 2,5 kg
- ✓ Sal e pimenta-do-reino moída na hora
- ✓ 1 abóbora-menina sem pele, sem sementes e cortada em pedaços pequenos
- ✓ 1 colher (sopa) de alecrim picadinho

1. Misture o alho, o tomilho-limão picado, a sálvia, o suco de limão e 4 colheres (sopa) de azeite de oliva em uma tigela pequena. Reserve a marinada.
2. Tempere o peito de peru com sal e pimenta. Unte uma forma refratária com óleo culinário em spray e coloque o peito de peru com a pele voltada para cima. Delicadamente, levante a pele da ave e derrame a marinada sobre a carne, certificando-se de que fique um pouco do líquido entre a carne e a pele. Coloque os ramos de tomilho restantes sobre o peito, cubra e refrigere por 2 horas.
3. Preaqueça o forno a 180 °C. Tire o peito de peru da geladeira e coloque no forno. Asse de 1 hora e 30 minutos a 2 horas, regando com a gordura do cozimento a cada 20 minutos.
4. Quando o peito de peru tiver assado por 45 minutos, misture a abóbora com o alecrim picado, as 2 colheres (sopa)

Virgem ♍ 135

restantes de azeite de oliva, o sal e a pimenta. Espalhe de maneira uniforme em uma forma e leve também ao forno. Asse durante o tempo restante para o peru ficar pronto, cerca de 45 minutos, ou até a carne ficar macia e dourada.

5. Próximo do fim do cozimento, verifique o peru — se a pele estiver ficando muito dourada, cubra-o levemente com papel-alumínio. No fim do tempo de cozimento, verifique a temperatura interna da ave, que deve ser de 77 °C. Retire-a do forno, juntamente com a abóbora, tampe e deixe descansar por 15 minutos. Corte o peru e regue a carne com o molho da assadeira. Sirva acompanhado da abóbora.

Libra

23 de setembro a 22 de outubro

ALIMENTOS PURIFICADORES

Todos estes alimentos foram cuidadosamente selecionados para libra, o signo que governa os rins. São alimentos cuja ingestão o médico aconselharia aos librianos para mantê-los livres de toxinas e bem equilibrados. A balança, seu símbolo, representa quão indecisos os librianos podem ser quando tudo não está em perfeita ordem, o que os impede de ser as pessoas charmosas e adoráveis que são. Então, se esse e os outros signos precisarem de um bom "ritmo", certamente podem se beneficiar destes alimentos.

Símbolo: a balança
Planeta regente: Vênus
Parte do corpo regida: rins
Casa regida no zodíaco:
    sétima, a casa das parcerias
Elemento: ar

Cor: azul, rosa
Pedra: opala
Frase-síntese: eu equilibro
Característica pessoal: charme
Qualidade: cardinal

L ibra governa a sétima casa, a das parcerias e relacionamentos, que reinam soberanos aos olhos de qualquer libriano, juntamente com seu planeta regente, Vênus. São aqueles que sempre buscam equilíbrio na própria vida e na vida daqueles ao seu redor. Os librianos apreciam o equilíbrio e abominam qualquer discórdia. Paz e harmonia poderia ser o lema dos librianos. Eles parecem ser os eternos "em cima do muro" do zodíaco, nunca se decidindo ou tomando posição. Mas isso não é verdade. O inteligente libriano prefere ser visto como "cabeça oca" a ofender os outros, muitas vezes dizendo às pessoas o que elas querem ouvir por medo de qualquer confronto. São essencialmente hábeis em agradar aos outros.

LIBRA NA COZINHA

Libra é, acima de tudo, civilizado, comunicativo e charmoso. Como anfitrião ou anfitriã, qualquer convidado será recebido em um ambiente harmonioso, agradável e equilibrado. O símbolo deles é a balança, então como esperar menos? São mestres estrategistas que verificam todos os ângulos para garantir que estarão em equilíbrio quando os convidados chegarem.

Quando um libriano envia um convite para jantar, certifique-se de aceitar de imediato. Esse simplesmente pode ser o evento do ano, já que são indivíduos refinados, adoram belas coisas e amam assuntos culturais. Não se surpreenda se organizarem um espetáculo de balé ou ópera especialmente para o seu entretenimento durante a sobremesa e o café, ou enquanto você aprecia uma bebida na varanda depois do jantar.

Caso seu anfitrião ou anfitriã de libra pergunte qual seu prato principal favorito, por favor, seja específico. Se disser que ama peixe, carne vermelha, camarão e cordeiro, você pode acabar com quatro pratos principais diferentes diante de si. Librianos muitas vezes têm dificuldade em decidir, mas, mais do que isso, desejarão fazê-lo feliz, então vão passar horas preparando todos os pratos que você ama só para ver seu radiante sorriso de agradecimento.

CONVIDADOS DE LIBRA

Quando você inclui librianos na lista de convidados, espere que sejam encantadores e circulem entre seus outros convidados, fazendo com que todos se sintam à vontade. Nada traz mais sensação de equilíbrio ao ambiente do que ter uma ou duas dessas graciosas criaturas entre os convidados do seu evento. E você, naturalmente, vai descobrir que eles são muito fáceis de agradar — de qualquer forma, você nunca vai saber se estiverem descontentes!

Os librianos vão adorar uma mesa em tons de marfim, rosa ou rosa claro, especialmente se o tecido contar com a riqueza do adamascado ou de outro detalhe elegante. Disponha vasos decorativos de rosas na cor rosa ou branca, por sua beleza e fragrância.

E, se você realmente quiser encantar um libriano, preencha pequenos cantos e espaços de sua sala com delicadas violetas. O sedutor libriano certamente proporcionará uma noite encantadora a você e aos demais convidados. Eles não ganharam a reputação de agradar às pessoas à toa – eles já nascem com esse dom!

PRINCIPAIS ALIMENTOS PURIFICADORES PARA LIBRA

Todos estes alimentos são ótimos para libra e os rins, mas todos os signos se beneficiarão de suas propriedades que desintoxicam esse órgão.

Queijo burrata. Com alto teor de proteína, potássio, magnésio e fósforo — conhecido como eletrólitos — e vitaminas A e C, o queijo burrata auxilia os rins dos librianos. Com baixo nível de colesterol, essa variedade da muçarela pode ser favorável aos que têm problemas renais e aos que desejam ou precisam evitar o colesterol. O queijo burrata é um bom substituto para os demais queijos e de grande valor para os nativos de libra, que naturalmente pendem para as coisas boas da vida. Com a deusa Vênus como regente, o que seria mais natural que isso?

Couve-flor. Esse grande vegetal branco é muito rico em vitaminas C e K e também é uma boa fonte de vitaminas do complexo B, ácido fólico, fibras dietéticas e potássio. É benéfico na prevenção do câncer de rim e bexiga. A couve-flor é um excelente alimento para os librianos, pois mantém seus rins saudáveis e em pleno funcionamento, ao mesmo tempo em que pode ser servida em um elegante prato para agradar aos hóspedes que *amam* esse vegetal.

Cerejas. As cerejas são ricas em vitaminas A e C, ambas antioxidantes e benéficas para os rins. Também são repletas de bio-

140 * *Receitas dos astros*

flavonoides, que possuem propriedades anti-inflamatórias. Uma coisa que librianos, ou nativos de qualquer outro signo, não podem tolerar é um rim inflamado. Mesmo secas, essas preciosidades vermelho-escuras são tão interessantes e saudáveis como os oxicocos para os nativos de libra e funcionam como um bom substituto para saladas, biscoitos, ou como petisco.

Oxicocos. Essas frutas são muito ricas em vitamina C e benéficas na prevenção de infecções do trato urinário, pois tornam a urina mais ácida. Contêm ácido hipúrico, agentes antibacterianos e outros que eliminam a bactéria *E. coli*. Previnem infecções nos rins e na bexiga, deixando o trato urinário do libriano feliz e bem equilibrado.

Alho. O alho ajuda a combater infecções, câncer e é antibacteriano, o que faz dele uma maravilhosa adição a refeições para librianos. Diante de sua graça e charme, aqueles que estão ao redor dos nativos de libra não vão nem notar ou se importar com um pouco de "bafo de alho". O libriano vai sorrir timidamente, colocar um chiclete na boca e continuará ofuscando os demais convidados. Todos os outros signos deviam seguir a dica dos librianos e se tornar amantes de alho.

Cebolas. A cebola é antisséptica e antibacteriana, além de ajudar a eliminar a bactéria *E. coli*. Também previne infecções do trato urinário e a cistite. As cebolas são ótimas para acabar com irritações e restauram o bom funcionamento dos rins e do trato urinário, vitais para a saúde de qualquer libriano e de todos os demais signos.

Libra ♎ 141

Maracujá. Essas frutas são uma boa fonte de vitaminas A e C, têm vestígios de vitamina K e são um diurético natural que ajuda a eliminar as toxinas que podem afetar os rins. Possuem propriedades curativas e previnem infecções do trato urinário. Além disso, são lindos e doces, o que os torna apetitosos para libra.

Pimentões vermelhos. Essas vermelhas e brilhantes bagas são extremamente ricas em vitaminas C e A. Eles também são excepcionalmente ricos em licopeno; na verdade, contêm mais dessa substância que os tomates, o que ajuda a prevenir o câncer de bexiga. Pimentões vermelhos são ainda melhores que seus primos verdes quando recheados, e resultarão em um delicioso prato que os librianos terão prazer de preparar para os convidados. Qualquer outro signo que queira proteção adicional para os rins e a bexiga deve pedir a seus amigos librianos essa receita especial.

✳

Burrata quente sobre assado de tomates e manjericão com molho de azeite de oliva e balsâmico
RENDE 4 PORÇÕES

Esta é uma de minhas receitas favoritas! Se você nunca experimentou queijo burrata, vá a um bom supermercado próximo assim que puder e compre esse pedaço de paraíso.

- ✓ 1 kg de tomates-cereja cortados em 4 partes
- ✓ ¼ xícara de azeite de oliva
- ✓ Sal marinho

142 ✴ *Receitas dos astros*

- ✓ 2 colheres (sopa) de manteiga sem sal, mais 4 colheres (sopa) cortadas em 7 ou 8 partes
- ✓ 6 dentes de alho fatiados no sentido do comprimento
- ✓ 30 folhas de manjericão lavadas e secas com papel-toalha
- ✓ 1 xícara de vinho branco
- ✓ 4 bolas (70 g) de queijo burrata
- ✓ Azeite de oliva extravirgem
- ✓ Creme de balsâmico de excelente qualidade

1. Preaqueça o forno a 200 °C.
2. Misture os tomates com metade do azeite de oliva e o sal. Coloque-os em uma assadeira e leve ao forno por 30 minutos, ou até começarem a ficar com as bordas escuras. Retire do forno e reserve.
3. Coloque o azeite de oliva restante e as 2 colheres (sopa) de manteiga em uma panela de fundo grosso em fogo médio--alto. Adicione o alho e frite de 2 a 3 minutos, até começar a dourar. Junte os tomates assados, o manjericão e o vinho e abaixe o fogo. Deixe cozinhar por 1 hora. Desligue o fogo e adicione as 4 colheres (sopa) de pedaços de manteiga, mexendo até obter uma consistência cremosa.
4. Divida os tomates igualmente entre 4 pratos e acomode 1 bola de burrata no meio de cada prato. Regue o queijo com o azeite de oliva e o creme de balsâmico e sirva imediatamente.

✴

Libra ♎ 143

Couve-flor e cebola maui gratinadas com queijo gouda defumado

RENDE 12 PORÇÕES

Tenho clientes que juravam não gostar de couve-flor até provarem este prato.

- ✓ 2 cabeças de couve-flor cortadas em floretes
- ✓ 3 cebolas maui grandes cortadas em cubos grandes (se não encontrar, substituir por metade da quantidade de cebola- -roxa)
- ✓ 2 colheres (sopa) de azeite de oliva
- ✓ Sal marinho
- ✓ 4 colheres (sopa) de manteiga sem sal, mais 2 colheres (sopa) de manteiga derretida
- ✓ 4 colheres (sopa) de farinha de trigo
- ✓ 3 xícaras de leite
- ✓ Sal e pimenta-do-reino branca
- ✓ Noz-moscada moída na hora
- ✓ 1 xícara de queijo gouda defumado ralado
- ✓ 1 xícara de migalhas de pão amanhecido

1. Preaqueça o forno a 200 °C.
2. Em uma tigela grande, misture os floretes de couve-flor, os pedaços de cebola, o azeite de oliva e o sal. Transfira para formas untadas e asse de 10 a 15 minutos, sem deixar cozinhar demais. Retire do forno e transfira para outra forma, de 32 x 9 cm, untada com óleo culinário em spray. Reserve. Reduza a temperatura do forno para 180 °C.
3. Em uma panela de fundo grosso, misture as 4 colheres (sopa) de manteiga e a farinha de trigo e cozinhe de 2 a 3 minutos,

mexendo sempre; não deixe dourar. Adicione lentamente o leite e continue mexendo até a mistura começar a engrossar. Adicione o sal, a pimenta, a noz-moscada e o queijo e mexa até que esteja derretido. Coloque o molho sobre a mistura de couve-flor e cebolas.

4. Adicione as migalhas de pão à manteiga derretida e mexa até incorporar. Polvilhe o conteúdo da forma com essa mistura e leve ao forno de 10 a 15 minutos, até a cobertura dourar.

✳

Salada de cereja grelhada e rúcula com queijo cambozola

RENDE 4 PORÇÕES

A doçura das cerejas contrastando com o sabor picante da rúcula realmente faz esta salada se destacar!

Vinagrete
- 2 dentes de alho descascados e picados
- 1 chalota descascada e picada
- 1 colher (chá) de mostarda de Dijon
- ½ colher (chá) de orégano seco
- Sal e pimenta-do-reino moída na hora
- ¼ xícara de vinagre balsâmico de ótima qualidade
- ½ xícara de azeite de oliva

Salada
- 450 g de cerejas maduras cortadas ao meio e sem sementes
- 1 colher (sopa) de azeite de oliva
- 8 xícaras de rúcula
- 110 g de queijo cambozola esfarelado

1. Coloque o alho, a chalota, a mostarda, o orégano, o sal, a pimenta e o vinagre na tigela do processador de alimentos e bata até misturar bem. Com o processador ainda ligado, adicione gradualmente o azeite de oliva até o vinagrete emulsificar. Transfira-o para um recipiente e refrigere até o momento do uso.
2. Preaqueça uma grelha em fogo médio.
3. Coloque a rúcula em uma tigela grande de salada e reserve.
4. Em uma tigela média, junte as cerejas e o azeite de oliva. Transfira para a grelha e mantenha ali por 5 minutos. Em seguida, adicione à rúcula e regue com o vinagrete. Misture bem.
5. Divida a salada em 4 pratos de servir e cubra com o queijo esfarelado. Sirva imediatamente.

Scones de oxicoco e pistache
RENDE 12 SCONES

São os favoritos de minha avó Enola!

- ✓ 2 xícaras de farinha de trigo
- ✓ 1 colher (chá) de bicarbonato de sódio
- ✓ ¼ xícara de açúcar
- ✓ ½ colher (chá) de sal
- ✓ 3 colheres (sopa) de manteiga sem sal
- ✓ 1 ovo grande batido
- ✓ ½ xícara de pistaches fatiados
- ✓ ½ xícara de oxicocos secos
- ✓ 1 colher (chá) de raspas de limão
- ✓ ¾ xícara de buttermilk

1. Preaqueça o forno a 200 °C.
2. Misture todos os ingredientes secos peneirados em uma tigela média. Corte a manteiga com um cortador de massa até que ela se assemelhe a pequenas ervilhas.
3. Adicione o ovo, os pistaches, os oxicocos e as raspas de limão e misture bem. Junte gradualmente o buttermilk até formar uma massa consistente.
4. Despeje a massa sobre uma tábua com farinha de trigo e sove brevemente. Abra-a até que fique com espessura de cerca de 2 cm e, com um cortador de biscoitos de 5 cm de diâmentro, corte 12 círculos. Coloque os scones em uma forma untada e leve ao forno por 15 minutos, ou até ficarem dourados. Sirva quente com manteiga e geleia.

Purê de batatas e alho assado com cebolas caramelizadas e bacon
RENDE 6 PORÇÕES

Pense na comida mais reconfortante de todas. É essa mesmo!

- 20 dentes de alho sem casca
- Azeite de oliva
- Sal marinho
- 1 kg de batatas descascadas e cortadas em 4 partes
- 1 colher (sopa) de sal marinho
- 4 fatias de bacon
- 1 cebola maui grande descascada e cortada em cubinhos (se não encontrar, substituir por metade da quantidade de cebola-roxa)
- 4 colheres (sopa) de manteiga sem sal

Libra ♎ 147

✓ ¾ xícara de leite e creme de leite em proporções iguais
✓ Sal e pimenta-do-reino moída na hora

1. Preaqueça o forno a 180 °C.
2. Forre uma forma de torta com papel-alumínio e coloque o alho no meio. Regue com azeite de oliva e sal marinho. Dobre a folha no sentido do comprimento, de modo que forme uma bolsa, e feche a parte superior. Leve ao forno por 30 minutos. Retire, espere esfriar e imediatamente faça um purê com o alho.
3. Coloque as batatas em uma panela média e cubra com água fria. Adicione 1 colher (sopa) de sal marinho e deixe ferver. Reduza o fogo e cozinhe até ficarem macias.
4. Enquanto isso, frite o bacon em uma panela média até ficar crocante. Transfira-o para um recipiente forrado com papel-toalha para absorver o excesso da gordura e deixe esfriar. Coe a gordura do bacon em uma peneira fina dentro de uma panela limpa. Aqueça essa gordura em fogo médio. Coloque a cebola na panela, reduza o fogo e deixe cozinhar, mexendo de vez em quando, até que os pedacinhos fiquem dourados e caramelizados, cerca de 20 minutos. Esfarele o bacon já frio.
5. Adicione a manteiga e a mistura de leite e creme de leite e leve ao fogo baixo até a manteiga derreter. Escorra as batatas e devolva-as à panela. Com o mixer, comece a triturar as batatas, acrescentando aos poucos a mistura de leite e creme de leite até a consistência ficar cremosa. Adicione o purê de alho e bata até incorporar. Junte as cebolas caramelizadas e o bacon esfarelado. Tempere com sal e pimenta a gosto.

✱

148 ✳ *Receitas dos astros*

Sopa cremosa de cebola
RENDE 6 PORÇÕES

Trabalhei em Paris muitos anos atrás e provei uma sopa francesa de cebolas da qual nunca me esqueci. Esta é a minha própria versão desse clássico.

- ✓ 2 colheres (sopa) de azeite de oliva
- ✓ 2 colheres (sopa) de manteiga sem sal
- ✓ 4 cebolas maui cortadas em cubos médios (se não encontrar, substituir por metade da quantidade de cebola-roxa)
- ✓ 1 maço de cebolinhas, somente a parte branca, fatiado
- ✓ 3 chalotas cortadas em cubos médios
- ✓ 3 alhos-porós, somente a parte branca, cortados ao meio no sentido do comprimento, cuidadosamente lavados e cortados em semicírculos
- ✓ 2 colheres (sopa) de farinha de trigo
- ✓ Sal e pimenta-do-reino moída na hora
- ✓ ½ xícara de xerez seco
- ✓ 6 xícaras de caldo de galinha orgânico
- ✓ 6 ramos de tomilho fresco
- ✓ 1 folha de louro
- ✓ 1 xícara de creme de leite fresco, ou mais se necessário
- ✓ 1 punhado de cebolinhas-francesas aparadas e cortadas à chiffonade
- ✓ 6 fatias de pão tipo italiano com o miolo cortado em rodelas com a ajuda de um cortador de biscoitos de 5 cm de diâmetro
- ✓ 6 fatias de queijo harvati

1. Em uma panela de fundo grosso, aqueça o azeite de oliva e a manteiga. Adicione as cebolas, a cebolinha, as chalotas e o

Libra ♎ 149

alho-poró e refogue em fogo médio até ficarem macios. Polvilhe com a farinha de trigo, o sal e a pimenta e mexa. Coloque o xerez na panela e raspe o fundo, fazendo um molho; adicione o caldo de galinha, os ramos de tomilho e a folha de louro. Deixe cozinhar por 30 minutos.

2. Remova e descarte os ramos de tomilho e a folha de louro. Adicione o creme de leite e deixe ferver; coloque as cebolinhas-francesas.

3. Preaqueça o forno para grelhar. Coloque a sopa em ramequins com capacidade para cerca de 280 ml, ou em terrinas individuais. Coloque 1 rodela de pão em cada uma e cubra com 1 fatia de queijo. Coloque os ramequins sob a grelha até o queijo derreter e dourar. Sirva imediatamente.

✳

Fusilli com molho cremoso de pimentão assado e linguiça italiana

RENDE 8 PORÇÕES

Este prato é excelente para aquelas noites em que você quer apenas misturar algumas coisas e relaxar com uma taça de vinho tinto.

- ✓ 2 pimentões vermelhos assados, sem pele, sem sementes e cortados em cubos grandes
- ✓ 1 cebola grande picada
- ✓ 3 dentes de alho picados
- ✓ 2 colheres (sopa) de manteiga sem sal
- ✓ 2 colheres (sopa) de azeite de oliva
- ✓ Folhas de ½ ramo de manjericão
- ✓ Suco de ½ limão

150 ＊ *Receitas dos astros*

- ✓ 450 g de linguiça italiana sem pele
- ✓ Pimenta vermelha em flocos
- ✓ 1 xícara de creme de leite fresco
- ✓ 450 g de macarrão fusilli
- ✓ 1 xícara de queijo parmigiano-reggiano ralado

1. Lave 2 pimentões vermelhos e toste-os na grelha em fogo médio-alto. Vire-os algumas vezes para se certificar de que todos os lados fiquem tostados. Coloque os pimentões em um saco do tipo ziploc e deixe esfriar. Então, retire a pele tostada, remova as membranas e as sementes e corte-os em cubos grandes.

2. Em uma panela de fundo grosso, aqueça a manteiga e o azeite de oliva. Adicione a cebola e o alho e refogue até a cebola ficar translúcida e macia. Adicione o manjericão e os pimentões assados e cozinhe até o manjericão murchar. Transfira a mistura para o processador de alimentos, adicione o suco de limão e bata até obter a consistência de purê.

3. Em uma panela, refogue as linguiças cortadas em pedaços pequenos, tempere com a pimenta vermelha em flocos e deixe dourar. Escorra o excesso de gordura. Junte o purê. Em seguida, misture lentamente o creme de leite até obter a consistência desejada.

4. Em uma panela grande com água fervente e salgada, adicione o fusilli e deixe cozinhar por 8 minutos, ou até ficar al dente. Escorra, coloque em uma tigela grande de servir e misture com o molho. Decore com o queijo e sirva.

＊

Libra ♎ 151

Camarão em crosta de coco e macadâmia com molho rosé e maracujá

RENDE 4 PORÇÕES

Este prato seduz multidões! Homens, mulheres, crianças. Eles nunca ficam satisfeitos!

- ✓ 12 camarões grandes
- ✓ 1 xícara de farinha de trigo
- ✓ Sal marinho
- ✓ 1 xícara de farinha de rosca
- ✓ ½ xícara de coco ralado adocicado
- ✓ ½ xícara de macadâmias em fatias finas
- ✓ 4 ovos grandes
- ✓ 1 xícara do molho rosé de sua escolha
- ✓ 1 colher (sopa) de purê de maracujá
- ✓ 2 xícaras de óleo de amendoim

1. Em uma tigela, misture a farinha de trigo e o sal. Em outro recipiente, misture a farinha de rosca, o coco e as macadâmias. Bata os ovos em outra vasilha. Passe os camarões na farinha, depois no ovo e então na mistura de farinha de rosca até que estejam completamente cobertos. Disponha-os enfileirados em uma forma e leve ao congelador por 30 minutos.

2. Em uma tigela pequena, misture o molho rosé e o purê de maracujá. Cubra e refrigere.

3. Esquente o óleo à temperatura de 190 °C. Forre uma forma com papel-toalha. Frite os camarões em pequenas porções até dourarem. Retire-os do óleo com uma escumadeira de aço e coloque na forma forrada com papel-toalha. Sirva-os ainda quentes, acompanhados do molho rosé.

Escorpião
23 de outubro a 21 de novembro

ALIMENTOS PARA ENTRAR NO CLIMA

Todos estes alimentos foram selecionados para escorpião, o signo que governa os órgãos reprodutores. Todos são afrodisíacos, alimentos perfeitos enviados por Deus para o mais sensual e expressivo de todos os signos. O escorpiano precisa *se sentir* apaixonado por todas as suas empreitadas ou seu interesse diminui. Estes alimentos preencherão suas necessidades em todos os níveis. Todos os outros signos que não estiverem se sentindo empolgados ou precisarem de ajuda nesse departamento podem se beneficiar destes alimentos.

Símbolo: escorpião, águia, cobra e a fênix
Planeta regente: Plutão
Parte do corpo regida: órgãos reprodutores
Casa regida no zodíaco: oitava, a casa do nascimento, da morte, da regeneração e do sexo
Elemento: água
Cor: escarlate
Pedra: topázio
Frase-síntese: eu desejo
Característica pessoal: idealismo
Qualidade: fixo

Escorpião é regido pelo misterioso planeta Plutão e rege a oitava casa, a do nascimento, da morte, da regeneração e transformação. A oitava casa também governa o sexo, e escorpião é definitivamente o signo mais sensual do zodíaco e um dos mais apaixonados. Ele governa os órgãos reprodutores, o que pode explicar sua reputação de sexy. Não deveria ser nenhuma surpresa o fato de muitos dos alimentos encontrados neste capítulo serem afrodisíacos naturais!

O escorpião é o símbolo tradicional do signo, juntamente com a águia e a serpente. Mas o símbolo menos reconhecido é a fênix, o pássaro mítico que se desfaz em chamas e renasce das cinzas para voar novamente em esplendor. Os escorpianos têm esse mesmo talento único, mais do que qualquer outro signo. Quando sofrem qualquer revés, são capazes de se regenerar e se levantar, renovados, das cinzas de seus fracassos ou derrotas para alçar voo novamente. São literalmente capazes de se reinventar várias vezes ao longo da vida.

ESCORPIÃO NA COZINHA

Escorpianos raramente deixam alguém ver sua alma muito profundamente, preferem manter seu eu mais íntimo em segredo. Embora você possa sentir que nunca conhece a pessoa "real", não espere ficar completamente incógnito. As intensas capacidades de investigação e observação minuciosa dos nativos desse signo podem fazer o indivíduo mais discreto revelar seus segredos mais sombrios, então você também pode confessar seus vícios, sejam chocolates amargos, champanhe, foie gras, ou charutos depois do jantar. O escorpiano *vai* descobrir!

Eles são fascinados pelo mistério e pelo misticismo, então, quando você aceitar um convite para jantar de seu amigo escorpiano, espere que a refeição seja um acontecimento quase espiritual. Os nativos desse signo não gostam de surpresas, mas sentirão prazer em surpreender, por isso, apesar de pedirem para você revelar suas preferências e com isso fazê-lo pensar que sabe exatamente o que será servido, prepare-se! Sua refeição especial será servida com tanto misticismo e sutileza que você será totalmente pego de surpresa, tomado pelo encantamento. Será uma noite inesquecível, assim que você sucumbir ao seu lado apaixonado!

CONVIDADOS DE ESCORPIÃO

Não há amigo melhor que um escorpiano. Extremamente fiéis, nunca se esquecem de uma gentileza e retribuirão assim que possível. Embora conhecidos por seu lado sério, intenso, os nativos de escorpião também têm grande senso de humor e podem ser a alma da festa. Você vai saber que seu convidado escorpiano chegou mesmo antes de vê-lo — aquela risada que é sua marca registrada pode ser reconhecida em qualquer lugar. E, quando estão "no clima", você os encontrará cercados de carinhosos admiradores, cativados por aqueles olhos sensuais e sorriso misterioso. Os escorpianos vão manter seus convidados ocupados enquanto você dá os toques finais ao jantar!

Ao planejar seu cardápio, lembre-se: não prepare apenas afrodisíacos, pode ser perigoso! Um bom prato principal afrodisíaco será suficiente, a menos que seja um jantar íntimo entre você e seu convidado escorpiano, mas falaremos sobre isso depois. Acompanhe a refeição com um cálice de vinho tinto, que é um dos favoritos do escorpiano. Sirva o jantar em uma mesa requintada e romântica, coberta com toalha de linho branco, guardanapos escarlates (a cor de escorpião) e uma variedade de velas em tamanhos diferentes e tons de dourado, vermelho e bege.

Coloque um arranjo central de gardênias — uma das flores desse signo — em um vaso de cristal e você terá um escorpiano mais do que satisfeito nas mãos. Uma vez que escondem tudo, você pode não perceber o quanto estão felizes, mas, confie em mim, eles estarão!

Como anfitriã ou anfitrião de um amigo de escorpião, você acabou de aprender como entreter corretamente uma dessas sensuais criaturas, mas como fazer o mesmo com aquela pessoa especial em sua vida? Conecte-se com seu escorpião interior, explorando seu eu mais sensual com uma série de alimentos e ingredientes afrodisíacos — e prepare um jantar romântico inesquecível!

Ou, melhor ainda, crie um ambiente diante do fogo em um tapete felpudo, salpique pétalas de rosa formando um caminho da porta da frente até a lareira e alimentem um ao outro, usando apenas as próprias mãos para entregar cada porção aos lábios do amante. Os nativos de escorpião amam o mistério, então você pode usar uma venda para aumentar o prazer, o que também torna a experiência muito mais poderosa. Ligue o som, coloque "Bolero", de Ravel, para tocar e deixe a noite começar!

156 * Receitas dos astros

PRINCIPAIS ALIMENTOS PARA ESCORPIÃO ENTRAR NO CLIMA

Todos estes alimentos são ótimos para escorpião e para a libido, mas todos os signos podem se beneficiar de suas propriedades afrodisíacas para entrar no clima.

Aspargo. Os aspargos fornecem vitamina E, cálcio, potássio e fósforo, o que ajuda na fabricação dos hormônios e na manutenção do trato urinário. A "Doutrina de indicações", um antigo conceito médico, diz que, se um alimento se assemelha a um órgão do corpo, supõe-se que esse alimento lhe seja benéfico. Então, é natural que a forma fálica do aspargo deva beneficiar a performance de escorpião e de outros signos que estiverem no clima.

Caviar. O caviar é muito rico em zinco, que aprimora a coragem dos homens. Ele auxilia a produção de testosterona, mantendo os níveis prontos para o romance. Esse pode ser o aperitivo perfeito para servir ao seu amante escorpiano e fazê-lo entrar no clima, ou para qualquer outro signo que precise de um pouco de estímulo.

Chocolate. Desde os astecas, o chocolate é tido como um suposto afrodisíaco. Há uma explicação científica para isso, algo relacionado com o triptofano, a serotonina, o apaixonar-se e o cérebro, mas isso é clínico e muito menos romântico que a experiência real. Quando se trata de chocolate, todas as decisões têm de ser feitas de maneira experimental. Não há nada como aquela primeira mordida cheia de sensual cremosidade quando ele explode na língua! Exceto compartilhá-la com seu amante. E a melhor notícia é que o chocolate amargo é bom para você, pois tem propriedades antioxidantes. Então, vá em frente, lhe foi dada a permissão para aproveitar!

Figos. Nos tempos antigos, um figo aberto era considerado semelhante aos órgãos sexuais femininos, o que era visualmente estimulante. Comer um figo maduro com as mãos ou, melhor ainda, alimentar seu companheiro com a fruta é um ato sensual. Os romanos antigos a consideravam um presente de Baco, o deus da fertilidade.

Gengibre. No *Kama sutra*, o gengibre foi de fato documentado como afrodisíaco na seção sobre rituais. Talvez seja esse o motivo pelo qual Madame Bovary o usava nas bebidas de seus amantes. Ainda hoje, tendo registrados todos os seus benefícios para a saúde, é possível crer que o gengibre pode ser melhor que o Viagra para os homens. O gengibre também pode gerar um sentimento de felicidade e euforia. Talvez escorpião e os outros signos devam manter um pedaço grande desse alimento na cozinha para com frequência colocarem em suas receitas favoritas.

Mel. O mel era a fonte de muitos remédios para curar a impotência e melhorar a virilidade no Egito antigo. Nos tempos medievais, hidromel, uma bebida feita com mel, era considerada afrodisíaca para recém-casados que se seduziriam no leito conjugal.

Ostras. Esses moluscos têm fama de afrodisíacos desde o tempo dos romanos antigos, quando eram considerados o alimento perfeito para mulheres aumentarem a libido. Também se assemelham ao órgão sexual feminino, o que estimularia os homens conforme eram alimentados por sua amante. Qualquer signo que queira uma noite repleta de romance deve ir ao mercado de peixes local.

Morangos. O que poderia ser mais perfeito para o amor que esse símbolo de Vênus? Reza a lenda que Vênus chorou muito com a morte de Adônis e que suas lágrimas se transformaram no morango, cujo formato se assemelha ao coração, para imortalizar o amor que sentiam. Os morangos são ricos em vitamina C, além de serem deliciosos mergulhados em chantili, chocolate ou creme azedo com açúcar mascavo e compartilhados com seu amante. Outra forma conhecida é servir vinho do porto branco com morangos silvestres, o que produzirá poderosos resultados ao escorpiano.

Aspargos grelhados com azeite de trufas negras
RENDE 4 PORÇÕES

Tendo crescido em Sacramento Valley, os aspargos eram abundantes e um dos meus alimentos preferidos. Este modo de preparo se tornou um dos mais apreciados pela minha família e é sempre um sucesso, como eu espero que seja quando você o servir para sua família e amigos.

- ✓ 450 g de aspargos
- ✓ 1 colher (sopa) de azeite de oliva
- ✓ Sal marinho

- ✓ 2 colheres (sopa) de azeite de trufas negras
- ✓ ½ colher (chá) de raspas bem finas de limão
- ✓ Suco de ½ limão

1. Lave e corte os aspargos. Misture com o azeite de oliva e o sal.
2. Preaqueça uma grelha em fogo médio-alto. Disponha os aspargos na grelha ou em uma grade. Cozinhe por alguns minutos de cada lado até ficarem marcados e macios. Retire da grelha e coloque em uma forma. Regue com o azeite de trufas e com o suco de limão. Coloque em um prato de servir e decore com raspas de limão.

Caviar festivo para dois

Não há nada como uma festa particular regada a caviar e uma garrafa gelada de champanhe! Eu fiz essa clássica escolha para a minha filha e um casal de amigos na noite anterior à sua partida para a universidade. Foi a primeira vez que ela experimentou caviar e, juro, criei um monstro!

Crème Fraîche

- ✓ ½ xícara de creme de leite fresco
- ✓ ½ xícara de creme azedo

Blinis

- ✓ ¼ xícara de farinha de trigo integral
- ✓ ¾ xícara de farinha de trigo
- ✓ ½ colher (chá) de fermento em pó

160 ✳ *Receitas dos astros*

- ✓ ½ colher (chá) de sal
- ✓ 1 colher (chá) de açúcar
- ✓ ¾ xícara de buttermilk
- ✓ 2 ovos grandes
- ✓ 2 colheres (sopa) de manteiga sem sal amolecida

Temperos
- ✓ 4 chalotas finamente picadas
- ✓ 4 gemas cozidas picadas
- ✓ 4 claras cozidas picadas
- ✓ 60 g de alcaparras
- ✓ 1 xícara de crème fraîche

- ✓ 60 g de caviar ossetra

1. Para preparar o crème fraîche, misture o creme de leite fresco e o creme azedo em uma tigela pequena, cubra e leve à geladeira por pelo menos 2 horas.
2. Misture as farinhas, o fermento, o sal e o açúcar em uma tigela. Reserve.
3. Bata o buttermilk, os ovos e a manteiga. Adicione a mistura de farinhas em pequenas porções e misture bem.
4. Aqueça uma frigideira e unte com óleo culinário em spray. Com uma colher (sopa), coloque um pouco de massa na frigideira. Cozinhe o blini dos dois lados até dourar. Transfira para um prato e deixe esfriar. Repita o processo até usar toda a massa. Os blinis podem ser feitos com um ou dois dias de antecedência e guardados em um recipiente hermético, mas os preparados na hora são sempre melhores.
5. Transfira os temperos para tigelas individuais. Abra o caviar, mantendo-o em sua embalagem original, e sirva apoiado em

um prato com gelo com colher de madrepérola. Colheres de prata vão oxidar e conferirão sabor metálico ao caviar.

6. Sirva os blinis aquecidos em uma cesta coberta com um guardanapo, acompanhados dos temperos e do caviar, fazendo sua própria combinação de sabores.

✱

Creme de chocolate ao rum

RENDE 8 PORÇÕES

Vivendo nos trópicos por quase vinte anos, tornei-me grande fã do rum escuro. Esta receita é uma combinação de dois de meus ingredientes favoritos.

- ✓ 110 g de chocolate meio amargo picado
- ✓ 3 xícaras de creme de leite fresco
- ✓ ¼ xícara de rum escuro
- ✓ 6 gemas de ovos grandes
- ✓ ¾ xícara de açúcar granulado
- ✓ 1 fava de baunilha cortada ao meio no sentido do comprimento e com as sementes raspadas
- ✓ 1 xícara de creme de leite fresco
- ✓ ¼ xícara de açúcar mascavo
- ✓ ½ colher (chá) de extrato puro de baunilha
- ✓ 60 g de raspas de chocolate

1. Preaqueça o forno a 150 °C.
2. Coloque o chocolate picado em uma tigela. Em uma panela média de fundo grosso, misture o creme de leite, o rum, as sementes e a fava de baunilha e leve ao fogo médio até

ferver. Despeje a mistura sobre o chocolate na tigela, retire a fava e bata a mistura até ficar homogênea.
3. Em outra tigela, misture as gemas e o açúcar granulado. Tempere a mistura de ovos com a mistura de chocolate quente. Então, volte a mistura para o fogão, em fogo médio, até engrossar um pouco e dar o ponto (deve revestir a parte traseira de uma colher de pau).
4. Divida o creme em partes iguais em 8 ramequins de 110 ml. Coloque-os em uma assadeira com água até a metade da altura deles. Asse de 40 a 45 minutos, até o creme ficar firme, mas ainda um pouco mole no centro. Retire do banho-maria e deixe esfriar por 30 minutos, então leve à geladeira e deixe por pelo menos 4 horas.
5. Pouco antes de servir, bata o creme de leite, o açúcar mascavo e o extrato de baunilha até formar picos firmes. Sirva os ramequins com um pouco de chantili e decore com as raspas de chocolate.

Enrolados de figo e panceta com gorgonzola
RENDE 6 PORÇÕES

Na minha infância, tínhamos uma figueira em nosso quintal e, quando estava na época, o fruto era abundante. Mamãe preparava geleias e pães. Esta é outra forma de aproveitar essas preciosidades!

- ✓ 12 figos frescos grandes cortados ao meio no sentido do comprimento e aparados
- ✓ 12 fatias de panceta

Escorpião ♏ 163

✓ 60 g de queijo gorgonzola cortado em 12 pedaços
✓ Mel

1. Preaqueça o forno para grelhar.
2. Embrulhe cada metade de figo com panceta e prenda com 1 palito de dente. Unte uma forma com óleo culinário em spray e disponha os figos nela. Grelhe dos dois lados até a panceta dourar.
3. Cubra cada figo com 1 pedaço de queijo e regue com algumas gotas de mel. Retorne a forma ao forno e asse apenas pelo tempo suficiente para derreter o queijo. Sirva imediatamente.

✳

Biscoitos amanteigados de gengibre e chocolate
RENDE 36 BISCOITOS

Amor, amor, amor! O que mais posso dizer? Estes biscoitos são perfeitos para alimentar aquele alguém especial!

✓ 3 xícaras de farinha de trigo
✓ 1 colher (chá) de gengibre moído
✓ 16 colheres (sopa) de manteiga sem sal
✓ ¾ xícara de açúcar de confeiteiro
✓ 1 colher (sopa) de gengibre fresco descascado e fatiado
✓ 1 xícara de gengibre cristalizado coberto com chocolate

1. Em uma tigela, misture a farinha de trigo e o gengibre moído e reserve.
2. Na tigela da batedeira, bata a manteiga, o açúcar e os gengibres fresco e cristalizado em velocidade média. Adicione

a farinha, um pouco de cada vez, e misture até incorporar completamente.

3. Molde a massa em formato de rolo e embrulhe-a com filme plástico. Continue moldando até formar um retângulo com lados iguais. Deixe no congelador por 2 horas.

4. Preaqueça o forno a 150 °C.

5. Corte o retângulo em biscoitos de cerca de 2 cm de espessura. Coloque em uma assadeira untada, deixando 2 cm de distância entre eles, e leve ao forno de 20 a 25 minutos, ou até ficarem levemente dourados. Deixe esfriar por 5 minutos e então transfira-os para uma grade para esfriar completamente.

✳

Espetinhos de frango ao mel à moda asiática
RENDE 4 PORÇÕES

Estes são aperitivos perfeitos para oferecer ao seu amado, pedacinho por pedacinho! Em um ambiente menos íntimo, são ótimas entradas. Ou sirva como acompanhamento de um prato de legumes salteados e arroz para um jantar completo.

Espetinhos
- 450 g de coxas de frango sem ossos e cortadas em cubos de 2,5 cm

Marinada
- ¼ xícara de molho de soja com baixo teor de sódio
- ¼ xícara de mel
- ¼ xícara de suco fresco de laranja

Escorpião ♏ 165

- ✓ 1 colher (chá) de óleo de gergelim
- ✓ 2 colheres (sopa) de xerez seco
- ✓ 3 dentes de alho finamente fatiados
- ✓ 1 colher (chá) de gengibre descascado e finamente fatiado
- ✓ ¼ colher (chá) de pimenta vermelha em flocos
- ✓ 2 cebolinhas picadas
- ✓ ½ abacaxi fresco descascado e cortado em cubos de 2,5 cm
- ✓ 12 espetos de bambu de 15 a 20 cm

1. Coloque os cubos de frango em uma forma de vidro.
2. Junte todos os ingredientes da marinada em uma tigela e misture bem. Derrame a marinada sobre os cubos de frango, cubra com filme plástico e leve à geladeira por pelo menos 2 horas ou durante a noite.
3. Mergulhe os espetos de bambu em água por 30 minutos, antes de levá-los para a grelha. Retire o frango do refrigerador e insira os cubos nos espetos, alternando-os com os pedaços de abacaxi.
4. Preaqueça uma grelha a 200 °C. Grelhe os espetinhos por 5 minutos de cada lado, ou até que o frango esteja cozido. Transfira para uma travessa e sirva imediatamente.

✳

Ostras em meia concha com molho mignonette
RENDE 2 PORÇÕES

Se você nunca comeu ostras em meia concha, este é um ótimo modo de começar. São levemente encorpadas, com um acabamento puro e delicado. Minha filha e eu conseguimos comer várias dúzias, sem problemas.

Molho mignonette

- ✓ 2 colheres (sopa) de chalotas finamente picadas
- ✓ ½ colher (chá) de pimenta vermelha e branca moídas grosseiramente
- ✓ ½ xícara de vinagre de arroz temperado
- ✓ Suco de ½ limão

Ostras

- ✓ 1 saco pequeno de gelo picado
- ✓ 1 limão com as extremidades cortadas e fatiado no sentido do comprimento, em 8 fatias
- ✓ 12 ostras

1. Um ou dois dias antes de servir as ostras, misture todos os ingredientes do molho mignonette em uma tigela e deixe na geladeira para incorporar os sabores.
2. No dia de servir, prepare um prato com o gelo picado e leve ao congelador, desse modo estará pronto quando as ostras forem limpas e descascadas.
3. Cheque as ostras para ver se estão bem fechadas. Se alguma abrir sozinha, é sinal de que está morta e deve ser descartada. Sob água fria corrente, esfregue cada uma muito bem com uma escova, para remover qualquer sujeira ou areia.
4. Certifique-se de ter um bom equipamento — uma faca de ostras — para abri-las antes de começar a retirá-las da concha. (Pode ser comprada em qualquer loja de artigos culinários e na maioria dos mercados de peixe.) Segure uma ostra com o lado convexo apoiado em uma toalha para evitar se cortar com a concha afiada. Trabalhando sobre uma tigela para recolher todos os sumos das ostras, deslize a ponta da faca en-

tre as metades da concha, perto da dobradiça. Gire a faca de modo que possa liberar o molusco.

5. Raspe a carne da concha superior para a inferior e descarte a parte superior. Use a faca para liberar a ostra. Verifique se há areia debaixo dela, se houver, remova.

6. Despeje o molho mignonette em uma tigela pequena ou ramequim. Retire o prato de gelo do congelador, coloque a tigela de molho no centro e use uma colher pequena para servir. Acomode as ostras no gelo e enfeite o prato com as fatias de limão. Sirva imediatamente.

Cupcakes de morango e pétalas de rosas com cobertura cremosa de manteiga
RENDE 12 CUPCAKES

Este definitivamente é um modo de servir afrodisíacos morangos que prenderá a atenção daquela pessoa especial. Que divertido será alimentarem um ao outro com estas suntuosas guloseimas preparadas com as próprias mãos!

Pétalas de rosas cristalizadas
- 24 pétalas de rosas sem aditivos químicos
- Claras de ovos pasteurizadas
- ⅓ xícara de açúcar refinado

Cupcakes
- 1 ¼ xícara de farinha de trigo
- ½ colher (chá) de fermento em pó
- ¼ colher (chá) de bicarbonato de sódio

168 ✳ *Receitas dos astros*

- ¼ colher (chá) de sal
- ¼ xícara óleo de canola
- 1 xícara de açúcar granulado
- 3 claras de ovos grandes levemente batidas
- ¼ colher (chá) de extrato de baunilha puro
- 1 colher (chá) de água de rosas
- ½ xícara de creme azedo
- ½ xícara de morangos amassados

Cobertura cremosa de manteiga

- 8 colheres (sopa) de manteiga sem sal
- 3 a 4 xícaras de açúcar de confeiteiro
- ¼ xícara de leite integral
- 1 colher (chá) de extrato de baunilha puro
- 1 colher (chá) de água de rosas

1. Para fazer as pétalas de rosas cristalizadas, lave as 24 pétalas vermelho-escuras sem aditivos químicos e deixe secar sobre papel-toalha.
2. Quando secas, transfira-as para uma forma coberta com papel-manteiga. Pincele as pétalas dos dois lados com as claras pasteurizadas. Polvilhe-as com o açúcar refinado até estarem completamente cobertas. Reserve.
3. Preaqueça o forno a 180 °C.
4. Junte todos os ingredientes secos, exceto o açúcar, em uma tigela pequena e reserve.
5. Na batedeira, bata o óleo e o açúcar até formarem um creme. Adicione as claras e bata levemente. Adicione a baunilha, a água de rosas e o creme azedo e bata mais um pouco. Junte os morangos amassados e bata levemente até incorporar.

Escorpião 169

6. Adicione os ingredientes secos à mistura líquida e misture bem.

Divida a massa igualmente em 12 formas de cupcake e leve ao forno de 15 a 20 minutos, até que, ao inserir um palito de dente no bolinho, ele saia limpo. Transfira os cupcakes para uma grade para esfriarem completamente.

7. Enquanto eles esfriam, faça a cobertura. Na batedeira, bata a manteiga até ficar fofa. Adicione o açúcar e bata mais um pouco. Junte o leite, a baunilha e a água de rosas e bata até ficar cremoso. Quando os cupcakes estiverem frios, passe a cobertura sobre eles e decore cada um com 2 pétalas de rosas cristalizadas.

Sagitário
22 de novembro a 21 de dezembro

ALIMENTOS QUE DERRETEM GORDURA

Estes alimentos foram selecionados para sagitário, já que esse signo rege o fígado. Todos auxiliam na limpeza desse órgão e são desintoxicantes, de modo a manter o rim do sagitariano em ótimo funcionamento para que ele possa embarcar em sua próxima aventura. E, se não estiverem viajando, provavelmente estarão entretendo amigos e familiares com a mais nova piada e seu famoso senso de humor.

Símbolo: o arqueiro
Planeta regente: Júpiter
Parte do corpo regida: fígado
Casa regida no zodíaco: nona, a casa da religião, do conhecimento, da intelectualidade e das viagens longas
Elemento: fogo
Cor: roxo
Pedra: turquesa
Frase-síntese: eu vejo
Característica pessoal: otimismo
Qualidade: mutável

Sagitário e seu planeta regente, Júpiter, regem a nona casa, a da intelectualidade, das viagens, da religião e do conhecimento. Sagitarianos tendem a ser filosóficos, inteligentes, idealistas e entusiastas. Tudo o que fazem é, em grande escala, motivado por sua busca em adquirir conhecimento, explorar o mundo ou alcançar excelência no esporte escolhido. Os sagitarianos têm grande desejo de aventura e buscam o extraordinário, o que faz com que sejam os maiores viajantes do zodíaco.

Muito ambiciosos e focados, com capacidade de assimilar rapidamente grande quantidade de informação, os sagitarianos têm ampla visão e geralmente são bem-sucedidos em seus empreendimentos. Não apreciam nenhum tipo de confinamento ou rigidez, preferindo um ambiente livre, o que ajuda no fluxo de suas ideias. Com Júpiter como planeta regente, são naturalmente sortudos, o que pode explicar por que o dinheiro não é o objetivo principal em qualquer projeto ao qual se lancem, mas um recurso que parece estar lá quando precisam.

SAGITÁRIO NA COZINHA

Quando aceitar um convite para jantar na casa de amigos sagitarianos, espere uma refeição divina, que reflita os lugares exóticos que visitaram em sua jornada. Os sagitarianos estiveram em mais lugares do planeta que qualquer outro signo. Como seu símbolo, o arqueiro, também conhecido como o centauro — metade homem e metade cavalo —, amam o ar livre e a liberdade que isso oferece. Sagitarianos apreciam sua liberdade. Os

172   *   *Receitas dos astros*

nascidos sob esse signo estão sempre impacientes pela próxima aventura que os espera ao dobrar a esquina, mas, tendo a liberdade para escalar a montanha mais perigosa, testar o próximo supercarro ou viajar para seu lugar favorito no mundo, sempre voltam correndo para casa quando completam a missão.

Acima de tudo, o sagitariano vai sempre ao encontro da viagem mais desafiadora. E, para o arqueiro, desafiador é qualquer lugar onde ele é posto à prova, seja escalando o monte Kilimanjaro, praticando rafting na Amazônia ou mergulhando junto à Grande Barreira de Coral australiana. Parte da aventura reside em se entregar aos alimentos incomuns de cada lugar e adicioná-los a seu repertório gastronômico para prepará-los à família e aos amigos assim que voltar para casa.

Os nativos desse signo vão querer que a noite tenha início na cozinha, onde poderão entreter os convidados com histórias, enquanto colocam uma pitada disso e daquilo numa grande panela em fogo brando. Em pouco tempo, você vai pensar que seu amigo perdeu o controle da receita, mas não se preocupe, ele não segue as instruções; cozinha seguindo a intuição. Todas aquelas especiarias e demais ingredientes vão se unir em um sabor único, e você, enlevado pelo sabor único de pratos deliciosos, sentirá que foi transportado para lugares distantes!

CONVIDADOS DE SAGITÁRIO

Os arqueiros são o coração e a alma de um jantar, uma vez que anseiam por coisas sociais. E não é só isso, são uma companhia animada e vão manter seus outros convidados entretidos com histórias de arrepiar os cabelos sobre as aventuras de sua mais recente viagem, seja uma escalada a um dos picos mais perigo-

Sagitário ⚹ 173

sos do Himalaia ou uma trilha pesada pelo Saara. Quando deixam as histórias de lado, se isso for possível, envolvem a todos com seu senso de humor inteligente e apurado e mantêm seus convidados rindo até o jantar ser servido.

Os nativos de sagitário também são conhecidos por comer qualquer coisa diferente que outros signos têm medo de experimentar. Por isso, quando planejar o cardápio para um sagitariano, todas as opções estão disponíveis. Convide o sagitariano para jantar e experimente algo que não tenha preparado antes. Não se preocupe com a possibilidade de os outros convidados não gostarem. Seu convidado de sagitário com certeza vai convencer todo mundo a provar e, o mais importante, a adorar. Essas criaturas são as únicas capazes de vender gelo a esquimós!

Dependendo da estação, você pode escolher o local perfeito para dar sua festa. Em um dia perfeitamente bonito, junte os alimentos, os utensílios e o apetite e saia ao ar livre. Não há nada que um sagitariano ame mais que piquenique, exceto talvez um churrasco à moda antiga, em que você logo poderá contar com a ajuda dele para grelhar o prato principal, pois sagitarianos gostam de interagir.

Se o tempo não colaborar, não se estresse; leve o piquenique para a sala. Disponha grandes almofadas, em tons de roxo ou turquesa, em frente à lareira para que todos possam se sentar. Coloque a toalha no chão e sirva seu satisfeito amigo sagitariano ali. Termine tostando marshmallows na lareira e preparando s'mores para sobremesa. Qualquer sagitariano vai *amar* essa aventura!

PRINCIPAIS ALIMENTOS QUE DERRETEM GORDURA PARA SAGITÁRIO

Todos estes alimentos são ótimos para sagitário e para o fígado, mas todos os signos podem se beneficiar de suas propriedades desintoxicantes.

Maçãs. Auxiliam na eliminação de substâncias tóxicas e facilitam a digestão. Costuma-se dizer que as cascas de maçãs braeburn têm alta concentração de UVB, o que vai proteger os sagitarianos aventureiros e outros signos dos raios solares agressivos quando estiverem ao ar livre. Antioxidantes, enzimas e fibras também estão presentes para manter o fígado bem protegido.

Abacate. Abacates contêm glutationa, que reage como antioxidante e pode turbinar o fígado lento. As gorduras monoinsaturadas e poli-insaturadas dessa fruta são saudáveis e não prejudicam o fígado. Há evidência de que os sintomas de cirrose alcóolica são reduzidos com o consumo de abacate. Sendo assim, sagitarianos com certeza podem se beneficiar de uma ou duas colheres de guacamole ou de fatias de abacate em seu sanduíche.

Beterraba. A beterraba, com suas excelentes características purificadoras do sangue, ajuda no funcionamento do fígado, regido por sagitário. O elevado teor de ferro, potássio, cálcio e minerais facilita a produção de células hepáticas. Qualquer indivíduo que sinta letargia, que esteja precisando de uma limpeza, pode fazer uso da beterraba para recuperar a energia do fígado. São naturalmente doces e podem satisfazer o desejo de açúcar dos sagitarianos e de outros signos.

Sagitário ♐ 175

Canela. Não só a canela tem sido usada como especiaria há séculos, mas também é um medicamento com propriedades anti-inflamatórias, antibacterianas e antimicrobianas. Pesquisas revelam que a canela é benéfica no controle da diabetes tipo II, uma vez que auxilia na redução de açúcar no sangue. A adição dessa especiaria em suas receitas com certa regularidade pode garantir uma melhor saúde do fígado, independentemente do signo.

Coco. O coco tem propriedades anti-inflamatórias benéficas para o fígado e para o pâncreas, além de ajudar na regulação do açúcar no sangue. Esse fruto também é antioxidante e auxilia na desintoxicação, o que o torna perfeito para o nativo de sagitário e para todos os outros signos. Também conta com propriedades antienvelhecimento, e, sendo assim, sagitário e todos os demais signos que desejam permanecer jovens para sempre devem dar uma chance ao coco na alimentação.

Linguado. Esse peixe apresenta grande quantidade de selênio, que é parte necessária na formação da glutationa peroxidase, antioxidante fundamental para a desintoxicação e limpeza do fígado. Comer linguado ao menos uma vez por semana ajudará aos nascidos sob todos os signos, sobretudo os sagitarianos, a ter um fígado saudável.

Limões meyer. O suco de limão meyer é especialmente bom para a limpeza do fígado e para seu bom funcionamento. Recomenda-se ingerir pela manhã o suco de um limão espremido na hora misturado com água quente, o que funciona como um tônico para o fígado, ajudando a produzir bile para proces-

176 ✳ *Receitas dos astros*

sar alimentos ingeridos. Isso pode ser melhor que limonada para sagitarianos, mas tudo que leva limões meyer no preparo é benéfico. Sendo assim, invista em barrinhas de limão, limonada e água com limão!

Rúcula. Esse amargo vegetal, originalmente tido como erva daninha, é abundante em vitaminas A e K, potássio e cálcio, que promovem a desintoxicação do fígado e tratam a icterícia, sendo uma excelente escolha para sagitarianos e para todos os demais signos que necessitam de um fígado em perfeito funcionamento. Esqueça as preocupações com a saúde; use essas tenras folhas na próxima salada!

✳

Maçã crocante à moda
RENDE 12 PORÇÕES

Esta receita é da minha avó. Eu amo você, vovó!

Maçãs
- ✓ 8 maçãs verde descascadas, sem o miolo e fatiadas
- ✓ 1 colher (chá) de canela em pó
- ✓ ½ colher (chá) de noz-moscada fresca ralada
- ✓ 1 pitada de cravo em pó
- ✓ ½ xícara de farinha de trigo
- ✓ 1 ⅓ xícara de açúcar granulado
- ✓ ¼ xícara de licor de maçã
- ✓ 4 colheres (sopa) de manteiga sem sal cortada em pedacinhos

Sagitário ↗ 177

Farofa crocante
- ½ xícara de açúcar mascavo
- ½ xícara de açúcar
- 1 xícara de farinha de trigo
- 1 xícara de aveia em flocos
- ½ xícara de pecãs moídas
- 1 colher (sopa) de fermento em pó, mais 1 colher (chá)
- 6 colheres (sopa) de manteiga sem sal
- 1 ovo grande batido

1. Preaqueça o forno a 180 °C.
2. Em uma tigela grande, junte todos os ingredientes para as maçãs, exceto a manteiga. Misture bem e passe para uma forma de 33 x 22 cm untada com óleo culinário em spray. Espalhe os pedacinhos de manteiga por cima e reserve.
3. Em outra tigela grande, misture todos os ingredientes para a farofa, exceto a manteiga e o ovo. Adicione a manteiga e misture com as mãos ou com um cortador de massa, até a manteiga ficar do tamanho de ervilhas. Junte o ovo e misture; a mistura ainda deve permanecer esfarelada e levemente úmida. Coloque-a sobre a mistura de maçãs.
4. Leve ao forno por 45 minutos ou até ficar dourado e crocante. Sirva acompanhado de sorvete de baunilha e Cobertura de canela.

✳

Guacamole de lagosta
RENDE 8 PORÇÕES

Duas de minhas comidas favoritas combinadas em uma única refeição! É de comer rezando!

178 ✳ Receitas dos astros

- ✓ 4 abacates descascados e sem semente
- ✓ ½ cebola roxa finamente picada
- ✓ 1 pimentão sem pele e sem sementes finamente picado
- ✓ 3 dentes de alho finamente picados
- ✓ ½ xícara de coentro fresco picado, mais ramos de coentro para decorar
- ✓ ¼ xícara de maionese
- ✓ Suco de 1 limão
- ✓ Sal de alho
- ✓ Sal e pimenta-do-reino moída na hora
- ✓ 450 g de carne de lagosta cozida e picada
- ✓ 1 limão cortado em fatias para decorar

1. Amasse o abacate com pilão ou garfo em uma tigela média, até formar uma pasta espessa. Adicione os ingredientes restantes, exceto a carne de lagosta, os ramos de coentro e as fatias de limão e misture bem. Envolva-o com a carne de lagosta.
2. Transfira o guacamole para uma tigela de servir e decore com as fatias de limão e os ramos de coentro. Leve à geladeira por 1 hora antes de servir.

✳

Salada quente de beterrabas baby sobre cogumelos portobello grelhados e brie
RENDE 4 PORÇÕES

Uma ótima salada quente de inverno!

- ✓ Sal
- ✓ 1 maço de beterrabas baby (de 4 a 5 unidades) limpo e sem talo

Sagitário ↗ 179

- ✓ 3 colheres (sopa) de azeite de oliva
- ✓ 2 cebolas roxas cortadas em fatias finas
- ✓ 2 colheres (sopa) de vinagre balsâmico de boa qualidade
- ✓ ½ colher (chá) de mostarda de Dijon
- ✓ 4 cogumelos portobello médios sem talo
- ✓ 110 g de queijo brie

1. Coloque as beterrabas em uma panela, cubra com água salgada fria e deixe ferver até ficarem macias. Escorra e descasque assim que as beterrabas estiverem frias o bastante para ser manipuladas. Corte-as ao meio e reserve.

2. Em uma panela de fundo grosso ou frigideira grande, aqueça 2 colheres (sopa) do azeite de oliva em fogo médio-alto. Adicione as cebolas, abaixe o fogo e refogue, mexendo de vez em quando, até que as cebolas estejam caramelizadas. Adicione as beterrabas e aumente o fogo. Acrescente o vinagre balsâmico à panela, formando um caldo. Adicione a mostarda e misture bem.

3. Preaqueça uma grelha em fogo médio-alto. Pincele cada cogumelo com o restante do azeite de oliva e grelhe em fogo indireto até ficarem macios, cerca de 10 minutos. Retire da grelha e acomode-os em uma forma com o topo para cima. Distribua de maneira uniforme a mistura de beterraba e cebola entre os cogumelos. Cubra cada um com queijo brie e leve ao forno para gratinar, até o queijo derreter e borbulhar.

✳

180 ✳ *Receitas dos astros*

Cobertura de canela
RENDE 3 XÍCARAS

Isso elevará a torta de maçã a outro nível!

- ✓ 2 xícaras de açúcar mascavo claro
- ✓ 2 colheres (sopa) de farinha de trigo
- ✓ 1 ½ xícara de água
- ✓ ½ xícara de suco ou sidra de maçã
- ✓ 1 fava de baunilha cortada ao meio no sentido do comprimento e com as sementes raspadas
- ✓ 1 ½ colher (chá) de canela em pó
- ✓ 4 colheres (sopa) de manteiga sem sal

1. Misture o açúcar e a farinha em uma frigideira. Lentamente, junte a água e o suco ou sidra de maçã, até a farinha e o açúcar dissolverem. Adicione a fava de baunilha, as sementes raspadas e a canela e mexa com cuidado até engrossar levemente; não pare de mexer.
2. Adicione a manteiga e cozinhe de 6 a 8 minutos mais. Retire do fogo e descarte a fava de baunilha. Coloque sobre a Maçã crocante à moda ou sobre torradas.

✳

Biscoitos de coco com cobertura de chocolate
RENDE 45 BISCOITOS

Ótimos para o café da manhã ou chá da tarde!

- ✓ 2 xícaras de farinha de trigo
- ✓ 1 ½ colher (sopa) de fermento em pó

Sagitário 181

- ✓ ½ colher (chá) de sal
- ✓ 1 xícara de açúcar
- ✓ 8 colheres (sopa) de manteiga sem sal amolecida
- ✓ 1 colher (chá) de extrato de amêndoas
- ✓ 2 ovos grandes
- ✓ 2 xícaras de coco em flocos adoçado
- ✓ ½ xícara de amêndoas picadas e branqueadas
- ✓ 2 xícaras de chocolate meio amargo em pedaços

1. Preaqueça o forno a 180 °C.
2. Em uma tigela média, misture a farinha peneirada, o fermento e o sal e reserve.
3. Na tigela da batedeira, misture o açúcar e a manteiga em velocidade média até formar um creme. Adicione o extrato de amêndoas e os ovos e bata bem. Reduza a velocidade, adicione o coco e misture.
4. Aos poucos, adicione a mistura de farinha e mexa bem. Coloque as amêndoas picadas e misture. Divida a massa em 3 partes iguais. Se estiver pegajosa, polvilhe um pouco de farinha. Modele as porções em formas de pães de 30 cm e coloque em assadeiras forradas com papel-manteiga. Asse de 20 a 25 minutos.
5. Retire do forno e transfira para uma grade para esfriar. Quando estiver frio, passe para uma tábua e corte em fatias diagonais de 1,5 cm de largura.
6. Coloque os biscoitos cortados nas assadeiras e leve ao forno de 12 a 15 minutos, para tostar. Transfira para uma grade.
7. Em uma panela pequena, derreta o chocolate em fogo baixo. Quando os biscoitos estiverem frios, mergulhe metade de cada um no chocolate derretido e coloque sobre papel-manteiga para esfriar.

182 ✳ *Receitas dos astros*

✳

Linguado em crosta de pesto com tomate, azeitona e picles de alcaparra
RENDE 4 PORÇÕES

Esta é uma de minhas maneiras favoritas de servir peixe. Pode ser facilmente adaptada a salmão, pargo, robalo ou a seu peixe favorito.

Picles
- ✓ 4 tomates-cereja sem sementes e cortados em cubos
- ✓ 1 xícara de azeitonas kalamata sem caroço e picadas
- ✓ ¼ xícara de alcaparras
- ✓ 1 dente de alho finamente picado
- ✓ 1 colher (sopa) de azeite de oliva
- ✓ Suco de 1 limão meyer (se não encontrar, substituir por limão-siciliano)
- ✓ Sal e pimenta-do-reino moída na hora

Linguado
- ✓ 2 colheres (sopa) de azeite de oliva
- ✓ 4 filés de 160 g de linguado
- ✓ ¾ xícara de seu molho pesto favorito
- ✓ 2 limões meyer cortados em fatias para decorar

1. Preaqueça o forno a 150 °C. Em uma tigela grande, junte todos os ingredientes para o picles. Misture bem e reserve.
2. Revista um lado de cada filé com o pesto. Aqueça 1 colher (sopa) de azeite em uma frigideira de fundo grosso. Adicione o linguado, com o lado com o pesto para baixo, e toste até

formar uma crosta crocante. Cubra a parte de cima do peixe com pesto e, usando uma pinça, manuseie com cuidado os lados dos filés para virá-los sem danificar a crosta. Toste o outro lado, usando a colher (sopa) restante de azeite, se necessário. Transfira o peixe da panela para uma forma e leve ao forno por 15 minutos.

3. Disponha os filés em 4 pratos individuais. Sirva com o picles e decore com fatias de limão. O Risoto de orzo com limão meyer (receita a seguir) é um acompanhamento perfeito.

✳

Risoto de orzo com limão meyer
RENDE 8 PORÇÕES

Fica delicioso com o linguado!

- ✓ 2 colheres (sopa) de manteiga sem sal
- ✓ 2 colheres (sopa) de azeite de oliva
- ✓ ½ xícara de chalotas picadas
- ✓ 450 g de macarrão orzo
- ✓ ¼ xícara de vinho madeira
- ✓ 5 xícaras de caldo de galinha
- ✓ 1 xícara de queijo parmigiano-reggiano
- ✓ 230 g de queijo mascarpone
- ✓ 1 colher (sopa) de raspas de casca de limão meyer bem finas (se não encontrar, substituir por limão-siciliano)
- ✓ 2 colheres (sopa) de suco fresco de limão meyer
- ✓ ½ xícara de salsinha picada
- ✓ ½ xícara de queijo feta

184 * *Receitas dos astros*

1. Em uma panela, ferva o caldo de galinha. Retire do fogo e tampe. Em outra panela, de fundo grosso, derreta a manteiga com o azeite em fogo médio. Adicione as chalotas picadas e refogue até ficarem macias. Adicione o orzo e mexa constantemente até dourar, cerca de 5 minutos. Deglace a panela com o vinho madeira e continue mexendo.

2. Comece a adicionar o caldo de galinha quente, uma concha de cada vez, mexendo sempre. Adicione cada concha antes de o caldo da concha anterior ter sido completamente absorvido. Continue o processo até que o orzo esteja macio e cremoso.

3. Adicione o queijo parmigiano-reggiano e o mascarpone, as raspas de limão, o suco de limão e a salsa picada e mexa até os queijos derreterem e misturarem bem. Polvilhe um pouco de queijo feta em cada prato ao servir. Sirva com o Linguado em crosta de pesto com tomate, azeitona e picles de alcaparra.

*

Macarrão arrabbiata com camarão, rúcula e grana padano

RENDE 8 PORÇÕES

Este prato é tão fácil de fazer, mas os convidados vão pensar que você penou na cozinha por horas.

- ✓ Sal
- ✓ 450 g de macarrão penne

Sagitário 185

Molho

- ✓ 900 g de tomates-cereja cortados ao meio
- ✓ 2 colheres (sopa) de azeite de oliva
- ✓ 2 colheres (sopa) de manteiga sem sal
- ✓ 3 a 4 dentes de alho picados
- ✓ ½ colher (chá) de pimenta vermelha em flocos
- ✓ ½ xícara de vinho branco
- ✓ ½ xícara de manjericão fresco picado
- ✓ Sal marinho

Camarão

- ✓ 2 colheres (sopa) de azeite de oliva
- ✓ 2 colheres (sopa) de manteiga sem sal
- ✓ 2 dentes de alho picados
- ✓ 900 g de camarões pequenos
- ✓ 2 maços de rúcula limpos e picados
- ✓ ½ xícara de queijo grana padano ralado

1. Coloque uma panela grande de água salgada para ferver rapidamente, adicione o penne e cozinhe de 8 a 10 minutos ou até ficar al dente, mexendo de vez em quando. Escorra e coloque em uma tigela de servir.
2. Enquanto isso, prepare o molho. Esmague os tomates no liquidificador, usando o botão pulsar, até ficar espesso. Então bata normalmente no liquidificador até ficar com a consistência de purê líquido. Reserve.
3. Em uma panela, aqueça o azeite e a manteiga em fogo médio-alto. Adicione o alho e a pimenta em flocos e refogue até o alho dourar. Adicione o vinho, o manjericão e o purê de tomates reservado e cozinhe apenas para aquecer bem, de 5

a 6 minutos. Tempere com sal a gosto. Despeje o molho sobre o penne e misture.

4. Em outra panela, aqueça o azeite e a manteiga. Adicione o alho e refogue de 2 a 3 minutos. Acrescente os camarões e refogue até ficarem rosados. Adicione a rúcula e cozinhe só até ela murchar. Misture bem os ingredientes e despeje sobre o penne. Cubra com o queijo ralado e sirva imediatamente.

Capricórnio

22 de dezembro a 20 de janeiro

ALIMENTOS PARA NUTRIR OS OSSOS

Todos estes alimentos foram selecionados para capricórnio, o signo que rege os ossos. Os capricornianos devem ingerir alimentos que dão suporte a toda a sua estrutura esquelética, juntas, ligamentos e tecido conjuntivo, assim podem se manter em forma como pretendem e voltar toda a atenção a ser os maiores executivos do zodíaco.

Símbolo: cabra com cauda de peixe
Planeta regente: Saturno
Parte do corpo regida: ossos
Casa regida no zodíaco: décima, a casa do status social, da carreira
Elemento: terra
Cor: marrom
Pedra: granada
Frase-síntese: eu uso
Característica pessoal: estabilidade
Qualidade: cardinal

Os nascidos sob o signo de capricórnio com frequência alcançam o sucesso no que fazem — sobretudo no lado profissional. Esse signo rege a décima casa, a da ambição e carreira. Essas cabras têm a determinação para conseguir realizar tudo a que se propõem. A décima casa também é a do reconhecimento e do status social. Muitos capricornianos atingirão alto grau de fama e grandes honrarias na vida. Eles têm a visão do que querem fazer, a resistência e a coragem necessárias para cumprir suas metas, além do impulso fundamental para avançar rumo ao resultado.

Quando o sol se move por capricórnio, comemoramos dois importantes feriados, o Natal e o Ano-Novo. Enquanto nos preparamos para, no dia 31 de dezembro, encerrar o ano velho e embarcar no que se inicia, para novas resoluções e novos começos, capricórnio reina supremo. Esse signo, conhecido por sua tenacidade e praticidade, está associado à conclusão de projetos e à definição de novas metas que instigam sua natureza ambiciosa e disciplinada.

Qualquer um que deseje estabelecer suas resoluções de ano novo deve buscar em si características dos capricornianos, seja para perder alguns quilos (embora raramente tenham excesso de peso), aderir a um novo orçamento ou finalmente realizar uma mudança muito necessária na carreira. Muitos de nós temos planos grandiosos que frequentemente caem por terra depois de alguns dias, ou mesmo depois de algumas horas do início de um novo ano. Ninguém consegue traçar um plano e cumpri-lo como os nativos de capricórnio, pois são abençoados com pa-

Capricórnio ♑ 189

ciência sem limites e conhecidos por esperar a vida inteira por algo que desejam.

CAPRICÓRNIO NA COZINHA

Capricornianos são práticos, ambiciosos e têm a tenacidade e a resistência para completar o que começaram mesmo muito tempo depois de os menos disciplinados terem cedido à derrota. E isso vale também para sua cozinha. Os nativos de capricórnio se responsabilizarão pelos jantares formais mais amedrontadores e permanecerão de cabeça fria sob uma pressão que faria qualquer outra pessoa correr até o serviço de bufê mais próximo. Capricornianos vão usar sua habilidade sem igual de organização para planejar tudo nos mínimos detalhes. O cardápio vai ser objetivo, com sopa, salada, prato principal e sobremesas. Mas isso significa apenas que não haverá itens supérfluos entre os pratos refinados que prepararam.

Não se surpreenda se seu anfitrião ou anfitriã colocar "traje formal" no convite, pois capricornianos gostam de usar vestido de gala ou smoking. E certifique-se de chegar na hora, ou os demais convidados já poderão ter começado a jantar. Ao entrar na sala de estar muito bem decorada, você vai encontrar bebidas, mas não espere aperitivos, pois os capricornianos não vão querer que nada atrapalhe seu apetite para o jantar.

Seu anfitrião vai cumprimentá-lo, fazer um brinde e conduzi-lo até a requintada sala de jantar. Assim que se acomodar, os pratos serão servidos em tão perfeita ordem que você poderá pensar que há uma equipe inteira na cozinha. Mas não, isso se deve ao *timing* impecável dos indivíduos desse signo. Você vai ficar saciado e com a sensação de que acabou de jantar no mais prestigiado restaurante.

CONVIDADOS DE CAPRICÓRNIO

Ao convidar capricornianos, lembre-se de que eles são formais, sérios e seguem a etiqueta ao aceitar um convite. Apreciam de fato uma mesa de jantar cerimoniosa, uma vez que para eles isso representa alto poder aquisitivo e sucesso. Monte a mesa com uma bela porcelana clara com borda de prata ou platina, guardanapos adamascados em azul-marinho e candelabros de prata. Pétalas de camélias ou magnólias darão o toque certo.

Mas não pense que os nativos desse signo são chatos e entediantes. Eles têm um senso de humor e uma sagacidade que a princípio pode não ser aparente. Essa inteligência, combinada com alto grau de irreverência, impulsiona alguns capricornianos aos holofotes da comédia stand-up. Alguns dos melhores comediantes do mundo são capricornianos. Então, se os convidados estão começando a bocejar no jantar, dê uma cotovelada no nativo de capricórnio e você poderá encontrar o próximo Jim Carrey.

Ou, se jantares formais não lhe agradarem, para apaziguar a natureza terrena do capricórnio, abra uma colcha sob uma bela árvore em um dia agradável e improvise um piquenique. Sinta o aroma da grama recém-cortada, da terra, das flores delicadas e dos alimentos suntuosos e aproveite o dia.

PRINCIPAIS ALIMENTOS PARA A SAÚDE DOS OSSOS DE CAPRICÓRNIO

Todos estes alimentos são ótimos para capricórnio e para os ossos, mas todos os signos se beneficiarão de uma forte estrutura esquelética.

Bananas. Com alto teor de vitamina B6 e potássio, as bananas auxiliam na absorção do cálcio, essencial para ossos e dentes saudáveis. Acredita-se que essa fruta pode reduzir o estresse e a dor, especialmente as cãibras nas pernas, uma indisposição que atinge os nativos de capricórnio. A redução do estresse também pode ser um benefício para esses indivíduos que superam expectativas; talvez por isso o ditado não devesse ser "Uma maçã por dia mantém o médico longe", e sim uma banana.

Arroz vermelho butanês. Esse belo arroz vermelho é rico em antioxidantes para a saúde dos ossos e em poderosas propriedades anti-inflamatórias contra a artrite. Algumas culturas creem que sua cor é um indicativo de sorte, característica que lhe foi transferida. Assim como é costume em algumas culturas dar envelopes vermelhos no Ano-Novo Chinês para ter sorte com as finanças, algumas pessoas se certificam de ter ao alcance uma tigela especial de arroz vermelho nesse dia.

Repolho. O repolho é uma boa fonte de vitamina C e traz muitos benefícios para a saúde. Ameniza os efeitos da artrite e combate o envelhecimento. Na fase adulta, muitos capricornianos parecem muito mais jovens do que realmente são; então, se consumirem repolho ao longo da vida, parecerão extraordinariamente jovens. Essas crucíferas também ajudam a manter a pele lisa e bonita. Os capricornianos definitivamente não querem que sua escamosa cauda de peixe se torne difícil de controlar, por isso devem consumir receitas que levem repolho algumas vezes por semana. Quaisquer outros signos com problemas semelhantes podem encontrar a solução no repolho.

Cravos. São anti-inflamatórios e antibacterianos e contêm manganês. Dentistas têm utilizado extrato de cravo para aliviar a dor de dente e promover a saúde bucal em geral. Esses pontos fazem do cravo um tempero ideal para os dentes saudáveis do capricorniano e para reduzir a inflamação de sua artrite. Cravos também podem ser úteis para os demais signos e são um maravilhoso condimento para muitos alimentos.

Melaço. O melaço apresenta tão elevado teor de cálcio que uma colher por dia é capaz de manter os níveis de cálcio adequados para a saúde dos ossos. Também fornecerá o cobre e o manganês necessários para o corpo. Os capricornianos que adoçam o cereal e o café devem substituir o adoçante comum pelo melaço.

Sementes de abóbora. Sementes de abóbora são excelentes para manter a densidade mineral óssea e diminuir os efeitos da artrite, devido a seu teor de zinco e características anti-inflamatórias. Também são boas fontes de manganês e magnésio. Trata-se de um ótimo lanchinho rápido para os capricornianos terem à mão, para tornar seus ossos mais fortes e evitar qualquer desconforto relacionado à artrite.

Espinafre. O espinafre tem altas concentrações de vitamina K, que contribui para a saúde dos ossos, e magnésio, que ajuda a baixar a pressão sanguínea. Também conta com propriedades anti-inflamatórias. Capricornianos geralmente são calmos, e essa característica é aprimorada pelo mágico espinafre. Os outros signos, mais emocionais, podem se beneficiar desse redutor de estresse.

Tofu. Tofu é rico em cálcio e em isoflavonas capazes de impedir a deterioração dos ossos causada pela osteoporose. Ele tem de fato tanto cálcio quanto o leite, às vezes mais. O tofu é especialmente benéfico para manter os ossos capricornianos fortes e saudáveis e seus dentes perolados brancos.

✳

Pão de banana da Madelyn
RENDE 2 PÃES

Esta receita me foi dada por minha amiga Maureen. Era da mãe dela, Madelyn, e literalmente é o melhor pão de banana que já provei.

- ✓ 3 ovos grandes
- ✓ 6 bananas maduras, descascadas e amassadas
- ✓ 2 xícaras de açúcar
- ✓ 1 xícara de óleo vegetal
- ✓ 2 colheres (chá) de extrato de baunilha
- ✓ 3 xícaras de farinha de trigo
- ✓ 1 colher (chá) de sal
- ✓ 3 colheres (chá) de bicarbonato de sódio
- ✓ 2 colheres (chá) de noz-moscada fresca ralada
- ✓ 2 colheres (chá) de canela em pó
- ✓ ½ colher (chá) de cravo em pó
- ✓ 1 xícara de nozes tostadas picadas

1. Preaqueça o forno a 160 °C.
2. Unte 2 formas de pão de 23 x 13 cm com óleo culinário em spray. Em uma tigela grande da batedeira, bata os ovos em velocidade média-alta por 2 minutos. Adicione as bananas, o

açúcar, o óleo e a baunilha e continue batendo até ficar homogêneo.
3. Em outra tigela, peneire juntos a farinha, o sal, o bicarbonato, a noz-moscada, a canela e o cravo. Junte com a mistura de banana e mexa até incorporar. Divida a massa nas 2 formas de pão untadas e asse de 1 hora a 1 hora e 10 minutos, até ficarem cozidos. Para checar se está pronto, insira um palito no centro de cada pão, ele deve sair limpo.

Rolinhos primavera de frango e repolho com vinagrete de gengibre e pimenta
RENDE 12 ROLINHOS

Prometi a Mary que colocaria esta receita no livro! Olhe ela aqui, Mary!

Rolinhos primavera
- 1 colher (sopa) de óleo vegetal
- 1 colher (sopa) de óleo de gergelim
- 2 colheres (chá) de alho picado
- 2 colheres (chá) de gengibre ralado
- 1 peito de frango sem osso e sem pele cozido e desfiado
- 2 xícaras de repolho cortado à chiffonade fino
- 1 xícara de cenouras cortadas à julienne
- 3 cebolinhas lavadas, sem talo e picadas em diagonal
- 8 cogumelos shitake sem cabo e cortados à julienne
- ¼ xícara de caldo de galinha misturado com shoyu e um pouco de açúcar
- 12 massas de rolinhos primavera
- 1 ovo batido

Capricórnio ♑ 195

Vinagrete
- ✓ ½ xícara de vinagre de arroz temperado
- ✓ ½ xícara de molho de soja com baixo teor de sódio
- ✓ ½ colher (chá) de azeite aromatizado com pimenta

- ✓ 2 xícaras de óleo vegetal

1. Aqueça o óleo vegetal e o óleo de gergelim em uma wok em fogo médio-alto. Adicione 1 colher (chá) de alho e 1 colher (chá) de gengibre e mexa constantemente por 1 minuto. Junte o frango e mexa por mais 1 minuto. Adicione o repolho, as cenouras, as cebolinhas e os cogumelos e refogue por 3 minutos. Junte a mistura de caldo de galinha, shoyu e açúcar e cozinhe por 1 minuto, até os vegetais e o molho incorporarem. Retire do fogo, transfira para uma forma e deixe esfriar. Escorra o excesso de líquido.

2. Em uma tigela pequena, misture o vinagre de arroz, o molho de soja, o restante do alho e do gengibre e o azeite aromatizado. Transfira para uma tigela de servir pequena.

3. Meça ¼ de xícara da mistura de vegetais e frango em um copo medidor e coloque no centro de uma massa de rolinho primavera. Cubra as massas de rolinho restantes com um pano úmido para não ressecar. Junte os dois lados da massa no centro e enrole firme. Usando um pincel, umedeça as bordas com o ovo batido para fechar o rolinho. Se estiver aprendendo a fazer, certifique-se de ter massas a mais.

4. Aqueça o óleo vegetal a 160 °C em uma wok ou fritadeira. Cubra uma forma com papel-toalha e reserve. Frite os rolinhos primavera até ficarem dourados. Retire-os do óleo com o auxílio de uma escumadeira e transfira-os para a forma com papel-toalha. Sirva os rolinhos quentes com o vinagrete.

Lombo de porco assado com maçãs cozidas e cravos

RENDE 4 PORÇÕES

Meu marido ama este prato, então é para você, querido!

- 2 colheres (chá) de gengibre fresco ralado
- 1 colher (chá) de alho fresco picado
- ½ xícara de molho chinês para churrasco
- 2 colheres (sopa) de molho de soja com baixo teor de sódio
- 2 colheres (sopa) de xerez seco
- ¼ xícara de azeite
- 1 lombo de porco de cerca de 700 g
- 2 colheres (sopa) de manteiga sem sal
- 2 maçãs verde descascadas, sem sementes e finamente fatiadas
- ½ xícara de sidra de maçã
- ¼ xícara de calvados (destilado à base de maçã)
- 6 cravos inteiros
- ½ colher (chá) de sal

1. Em uma tigela pequena, misture o gengibre, o alho, o molho chinês, o molho de soja, o xerez e o azeite. Despeje a marinada sobre o lombo de porco em um prato raso, cubra e deixe na geladeira durante a noite.
2. Preaqueça o forno a 160 °C. Transfira o lombo para uma forma e asse de 25 a 30 minutos, até a temperatura interna da carne estar em torno de 70 °C. Retire do forno e deixe descansar por 10 minutos.

3. Derreta a manteiga em uma frigideira média. Adicione as maçãs e cozinhe por 5 minutos. Junte a sidra, o calvados, os cravos e o sal. Deixe levantar fervura, reduza o fogo e ferva por 20 minutos. Remova e descarte os cravos.
4. Corte o lombo em medalhões. Disponha-os em pratos de servir e coloque 1 colherada das maçãs e do molho sobre cada um. Sirva imediatamente.

✹

Biscoitos de melado
RENDE 5 DÚZIAS

Minha mãe costumava preparar estes biscoitos quando éramos crianças, e eu passei esta receita para minha filha.

- ✓ 16 colheres (sopa) de manteiga sem sal
- ✓ 1 xícara de açúcar granulado
- ✓ ½ xícara de açúcar mascavo
- ✓ 2 ovos grandes batidos
- ✓ ¼ xícara de melado
- ✓ 2 ¼ xícaras de farinha de trigo
- ✓ 2 colheres (chá) de bicarbonato de sódio
- ✓ ½ colher (chá) de sal
- ✓ 1 colher (chá) de canela em pó
- ✓ 1 colher (chá) de gengibre em pó
- ✓ ½ colher (chá) de cravo em pó

1. Preaqueça o forno a 180 °C.
2. Na tigela da batedeira, misture a manteiga com ½ xícara de açúcar granulado e o açúcar mascavo em velocidade média-

-alta. Reduza a velocidade para média e adicione os ovos, um por vez. Junte o melado e continue batendo. Retire a tigela da batedeira e reserve. Em outra, junte todos os ingredientes secos, exceto a ½ xícara restante de açúcar granulado. Junte a mistura de ingredientes secos à de manteiga até ficar completamente homogênea. Cubra a massa com saco plástico e refrigere por pelo menos 1 hora.

3. Com uma colher de sorvete, forme bolas com porções da massa. Passe as bolas no açúcar granulado restante. Coloque-as em uma forma untada, com espaço de 5 cm entre elas, e asse de 8 a 10 minutos. Retire do forno e transfira para uma grade para esfriar.

✳

Muffins de abóbora com sementes
RENDE 12 MUFFINS

Esta é a receita de minha mãe que ela preparou quando eu estava grávida de minha filha. Ela sabia que amo abóbora e precisava de muitas fibras.

- 2 ovos grandes
- ¾ xícara de açúcar mascavo
- 1 xícara de abóbora amassada
- 1 xícara de buttermilk
- ¼ xícara de óleo vegetal
- 1 colher (chá) de extrato de baunilha puro
- 1 xícara de farinha de trigo integral
- ¾ xícara de farinha de trigo comum
- 1 xícara de farelo de trigo não processado

- 1 ½ colher (chá) de fermento em pó
- ½ colher (chá) de bicarbonato de sódio
- 1 colher (chá) de canela ralada
- ½ colher (chá) de noz-moscada ralada
- 1 pitada de cravo ralado
- ½ colher (chá) de sal
- ½ xícara de sementes de abóbora

1. Preaqueça o forno a 190 °C.
2. Forre uma forma para 12 muffins com papel-manteiga. Misture os ovos e o açúcar mascavo em uma tigela média até formar um creme. Junte a abóbora amassada, o buttermilk, o óleo e a baunilha.
3. Em uma tigela média, junte todos os ingredientes secos, exceto as sementes de abóbora. Então, adicione-os à mistura de abóbora e mexa até ficar homogêneo. Divida a massa na forma de muffins e polvilhe com as sementes de abóbora. Asse de 15 a 20 minutos, até que, ao inserir um palito no centro de cada muffin, ele saia limpo. Transfira-os para uma grade e deixe esfriar.

Fritada de espinafre e queijo feta

RENDE 12 PORÇÕES

Esta é uma das receitas favoritas da família. Não pode faltar no brunch!

- 1 pão italiano cortado em fatias de cerca de 2 cm de espessura
- 2 xícaras de muçarela ralada

200 ✳ Receitas dos astros

- ✓ 1 colher (sopa) de azeite de oliva
- ✓ 1 colher (sopa) de manteiga sem sal
- ✓ 1 cebola cortada em cubos médios
- ✓ 1 pimentão vermelho, sem sementes e sem pele, picado
- ✓ 450 g de espinafre congelado picado, descongelado e escorrido
- ✓ 230 g de cogumelos sem talo e fatiados
- ✓ 2 colheres (chá) de orégano desidratado
- ✓ 1 colher (chá) de sal
- ✓ Pimenta-do-reino moída na hora
- ✓ 230 g de queijo feta esfarelado
- ✓ 18 ovos grandes batidos
- ✓ 2 xícaras de creme de leite e leite em proporções iguais

1. Preaqueça o forno a 190 °C.
2. Unte uma forma de 30 x 25 x 4 cm com óleo culinário em spray. Forre-a com as fatias de pão até cobrir totalmente o fundo. Espalhe a muçarela ralada por cima.
3. Em uma frigideira grande, aqueça o azeite e a manteiga em fogo médio-alto. Adicione a cebola e o pimentão e refogue até ficarem macios. Junte o espinafre e os cogumelos, mexendo sempre até também ficarem macios. Adicione o orégano, o sal e a pimenta e continue cozinhando por mais 2 minutos. Retire a panela do fogo e transfira os legumes para uma peneira para escorrer. Esprema o líquido dos legumes. Polvilhe os vegetais sobre a muçarela e o queijo feta sobre eles.
4. Junte os ovos e a mistura de creme de leite e leite. Derrame a mistura sobre os legumes na forma coberta de pão. Leve a fritada ao forno de 1 hora a 1 hora e 15 minutos, até dourar e os ovos cozinharem. Retire do forno e deixe esfriar por 15 minutos antes de cortar e servir.

Capricórnio ♑ 201

Tofu frito puxado no alho
RENDE 6 PORÇÕES

Sirva acompanhado do arroz butanês (receita seguinte).

- ✓ ½ colher (chá) de gengibre fresco picado
- ✓ ½ colher (chá) mais 1 colher (sopa) de alho fresco picado
- ✓ ¼ xícara de molho de soja com baixo teor de sódio
- ✓ 2 colheres (sopa) de óleo de gergelim
- ✓ 450 g tofu extrafirme cortado em cubos pequenos
- ✓ 1 colher (sopa) de azeite de oliva
- ✓ 1 cebola amarela cortada em cubos médios
- ✓ 2 xícaras de ervilhas-tortas
- ✓ 2 cenouras descascadas, divididas ao meio e cortadas em diagonal
- ✓ 1 xícara de cogumelos enoki
- ✓ 2 colheres (sopa) de molho de feijão-preto fermentado
- ✓ 2 colheres (sopa) de xerez
- ✓ 1 colher (sopa) de açúcar mascavo

- ✓ Arroz cozido para acompanhar

1. Em uma tigela pequena, misture o gengibre, ½ colher (chá) de alho, o molho de soja e 1 colher (sopa) de óleo de gergelim. Junte o tofu, cubra e deixe a noite toda na geladeira.
2. Preaqueça o forno a 180 °C. Unte uma forma com óleo culinário em spray. Escorra o tofu da marinada e espalhe-o na forma de maneira uniforme. Leve ao forno por 30 minutos.
3. Aqueça o azeite de oliva e o restante de óleo de gergelim. Adicione o alho que sobrou e a cebola e mexa por 2 minutos, sem

parar. Junte as ervilhas e as cenouras e continue mexendo por mais 3 minutos. Adicione os cogumelos e refogue por 2 minutos. Junte o molho de feijão-preto, o xerez e o açúcar mascavo e cozinhe até os vegetais ficarem crocantes. Adicione o tofu e mexa com cuidado. Retire do fogo e sirva imediatamente acompanhado do arroz.

✳

Arroz butanês (arroz vermelho)
RENDE 6 PORÇÕES

Se você nunca experimentou este arroz, deve fazer isso. É crocante e delicioso!

- ✓ 430 g de arroz butanês lavado
- ✓ 2 ¾ xícaras de caldo de galinha
- ✓ ¼ xícara de xerez seco
- ✓ 1 xícara de cebolinhas fatiadas
- ✓ 2 colheres (sopa) de manteiga sem sal
- ✓ ½ colher (chá) de sal

1. Coloque o caldo de galinha, o xerez, as cebolinhas, a manteiga e o sal para ferver em uma panela média.
2. Adicione o arroz, abaixe o fogo, tampe e cozinhe por 20 minutos. Solte o arroz com um garfo e sirva imediatamente.

Aquário
21 de janeiro a 19 de fevereiro

ALIMENTOS PARA CONTROLE CIRCULATÓRIO

Todos estes alimentos foram cuidadosamente selecionados para aquário, o signo que rege o sistema circulatório. Aquário é o intelectual do zodíaco e, assim como algumas das pessoas mais inteligentes do mundo, pode ser excêntrico. É provável que você possa reconhecer um aquariano logo de cara, como o professor gênio de sua faculdade, cuja cabeça está tão nas nuvens que ele não percebe que calçou o par de sapatos diferentes. Sim, é bem provável que ele seja de aquário!

Símbolo: o aguadeiro
Planeta regente: Urano
Parte do corpo regida: sistema circulatório
Casa regida no zodíaco: décima primeira, a casa dos amigos, conhecidos, sociedades, relacionamentos isolados
Elemento: ar
Cor: azul
Pedra: ametista
Frase-síntese: eu sei
Característica pessoal: cordialidade
Qualidade: fixo

Aquário e seu planeta regente, Urano, governam a décima primeira casa, a das redes sociais e de todas as suas relações. Os aquarianos são sociáveis e tidos como os mais amigáveis do zodíaco. Seus amigos formam um grupo eclético, consistindo de intelectuais, artistas, conservadores e rebeldes. No entanto, aquarianos não são limitados ou definidos por esse grupo; consideram-se livres-pensadores, respeitam as idiossincrasias alheias e, acima de tudo, seu próprio desejo de liberdade.

Com talento artístico, particularmente para música e teatro, muitos aquarianos seguem a carreira de ator. Inventivos e originais, podem levar um papel ao limite, mais que os nativos de outros signos. Com habilidade de comunicação natural e mente brilhante, os nascidos sob o signo de aquário são bastante eloquentes.

Aquário é um signo de ar, mas é chamado de o aguadeiro — uma dicotomia incomum. Mas "incomum" poderia ser uma palavra-chave para aquário. Aquarianos são atraídos ao incomum em todas as coisas, lugares, pessoas e trabalhos. Muitas vezes vistos como excêntricos, vanguardistas, boêmios, alguns nativos desse signo vão longe ao adotar um estilo próprio, optando pelo visual hippie ou New Age. Mas, já que estamos na Era de Aquário, que signo seria mais apropriado que esse para assumir esse padrão?

Os aquarianos são voltados para as ciências, altruístas, inteligentes e muito benevolentes. São focados, desapegados e seu pensamento tem um quê de futurista e genial. Os nativos desse signo muitas vezes são vistos como aquele distraído, extravagan-

Aquário ≈ 205

te e brilhante professor, mas que, de tão desligado, se esquece
das próprias necessidades básicas, como a comida.

AQUÁRIO NA COZINHA

E, por falar em comida, você precisa saber que, se seu amigo de
aquário *sempre* diz que quer fazer um jantar, você *deve* se oferecer para ajudar. Ou talvez assumir o comando. Você pode ficar
ao seu lado, absorver suas ideias para o evento, para o cardápio,
cuidar da lista de convidados e pegar os endereços no computador dele. Depois, você vai estar por conta própria. Bem, não
exatamente: de bom grado, ele vai pagar por tudo!

Isso não quer dizer que o aquariano não deseja entreter e
proporcionar uma refeição maravilhosa a seu extenso grupo de
amigos. Mas apenas que ele não consegue se concentrar em todos os detalhes irritantes por tempo suficiente para realizar o
jantar por conta própria. Seu amigo aquariano ficará bastante
grato por todo o seu trabalho duro, apreciará a refeição deliciosa
que você lhe preparou e vai se deleitar com a forma como você
transformou a ideia dele em realidade. Basta se certificar de
lembrá-lo do horário do jantar!

CONVIDADOS DE AQUÁRIO

Apaixonados por eventos sociais, seus amigos de aquário rapidamente aceitarão um convite para jantar. Embora tenham seus
pratos favoritos, qualquer refeição será bem-vinda para os aquarianos, pois muitas vezes eles se esquecem completamente de
comer. Aquarianos abominam demonstrações públicas de afeto:
não os coloque perto de alguém com comportamento efusivo,

do tipo meloso, nem faça desse evento um momento romântico. O aguadeiro prefere que qualquer ocasião romântica seja privada.

Eles ainda apreciam conversas que estimulam a mente. Então, certifique-se de incluir ao menos um outro intelectual em sua lista de convidados para conversar com eles. A noite perfeita para aquário seria uma festa ao luar. Ajuste um telescópio focado nas constelações, junto com um guia de astronomia que indique as setes estrelas que formam o Hexágono do verão. As sete estrelas são Sirius, Capella, Aldebaran, Rigel, Procyon, Pollux e Castor, que são parte de seis constelações, o que, naturalmente, seu convidado de aquário já sabe.

Comece servindo coquetéis com *hors d'oeuvres*, que você pode chamar de canapés Orion e martínis galácticos, e termine com brownies Via Láctea. Disponha antigos castiçais de vidro com pequenas velas para uma iluminação deslumbrante. Use luzes natalinas brancas para iluminar a sala e o pátio e lance mão da trilha de *2001: uma odisseia no espaço*. Seu amigo de aquário irá à Lua.

PRINCIPAIS ALIMENTOS PARA CONTROLE CIRCULATÓRIO DE AQUÁRIO

Todos estes alimentos são ótimos para aquário e o sistema circulatório, mas todos os signos se beneficiarão de suas propriedades.

Mirtilos. Essas incríveis frutinhas têm sido consideradas uma das superfrutas de todos os tempos. Elas têm potentes propriedades antioxidantes que fazem milagres para o sistema circulatório, controlam o adequado fluxo de sangue através dos vasos e a quantidade de oxigênio no sangue e protegem contra doenças. Antigamente, mirtilos eram usados para afastar o mal — e os aquarianos devem comê-los para se proteger dos males circulatórios.

Cenouras. Betacaroteno, o principal antioxidante, é predominante na cenoura e beneficia o sistema circulatório, reduzindo a pressão arterial e o colesterol. Se coelhos são inteligentes o suficiente para ingerir sua cota diária de cenouras, os aquarianos, os professores distraídos do zodíaco, podem lançar mão de sua megainteligência para fazer o mesmo. Todos os signos que desejam adquirir esses benefícios deveriam seguir os coelhos no caminho da cenoura.

Pimenta-de-caiena. Esse é tempero definitivo para o sistema circulatório, desde as minúsculas células capilares até as artérias e veias que bombeiam o sangue por todo o corpo. Ela regula a pressão arterial, elimina o colesterol ruim e é capaz de realmente limpar os vasos sanguíneos. Os aquarianos devem ter a pimenta-de-caiena sempre à mão em sua despensa; não que eles vão de fato cozinhar, mas podem adicioná-la a qualquer refeição rápida que comprarem a caminho de casa.

Frango. É uma ótima fonte de proteína para aquário, uma vez que contém resquícios de selênio essenciais para as células sanguíneas. Também tem alta concentração de triptofano, o aminoácido essencial que nos faz sentir sono, outro bom motivo para o aguadeiro torná-lo sua opção de ave. A mente hiperativa de aquário tem de descansar em algum momento, mesmo que seja logo após um sanduíche de frango.

208 ✳ *Receitas dos astros*

Palmito. Rico em ferro, potássio, ácido fólico, fibras, manganês, magnésio e na antioxidante vitamina C, o palmito auxilia no fluxo sanguíneo e de oxigênio. Também não é muito comum, o que apela para o gosto excêntrico do aquariano. O anfitrião ou anfitriã do signo do aguadeiro ficaria feliz em servir uma pilha de palmitos disposta no mais estratégico lugar — e quanto mais estranho melhor.

Batata-doce de Okinawa. Esse tipo japonês de batata-doce é repleto de vitamina A, ferro e manganês, todos úteis para a boa manutenção do sistema circulatório. Suas propriedades ajudam a reduzir o colesterol e a gordura, auxiliam o fluxo de oxigênio e amenizam inflamações, como gota e edemas, uma praga para os nativos de aquário. Esses tubérculos roxos podem parecer diferentes, o que é perfeito para os aquarianos, que adoram tudo que é incomum.

Pistaches. Pistaches são ricos em antioxidantes, vitaminas A e D, potássio e fósforo e são conhecidos por reduzir o colesterol, uma maravilhosa ajuda para um sistema circulatório saudável. São o lanchinho perfeito para o cerebral aquariano ter à mão naqueles momentos em que ele se esquece de comer.

Robalo. Trata-se de um peixe rico em ácidos graxos ômega 3, o que é bom para contrabalançar a ingestão de ômega 6. Esses últimos são tão comuns em vegetais e outros alimentos que é frequente consumi-los em excesso, resultando em doenças inflamatórias como gota e edema, comuns aos aquarianos. O nativo desse signo vai se beneficiar de doses regulares de ômega 6, então precisam visitar frequentemente as peixarias locais.

Frigideira de robalo marinado no missô
RENDE 4 PORÇÕES

Este é um dos pratos favoritos na ilha. Se você aprecia peixes marinados no missô, vai gostar deste também!

Peixe
- ✓ 4 filés de robalo de cerca de 170 g
- ✓ 2 colheres (sopa) de azeite de oliva

Marinada
- ✓ ¼ xícara de saquê
- ✓ ¼ xícara de mirin
- ✓ 2 colheres (sopa) de missô branco
- ✓ 1 colher (chá) de óleo de gergelim
- ✓ 1 colher (sopa) de molho de soja com baixo teor de sódio
- ✓ 2 colheres (sopa) de açúcar mascavo
- ✓ 1 cebolinha fatiada
- ✓ 2 dentes de alho picados
- ✓ ½ colher (chá) de gengibre descascado e finamente picado

1. Preaqueça o forno a 150 °C. Coloque os filés de robalo em um saco plástico grande. Misture todos os ingredientes para a marinada em uma tigela pequena. Despeje a marinada sobre os filés, feche bem o saco e leve à geladeira por 6 horas.
2. Coloque o azeite de oliva em uma panela em fogo médio-alto e aqueça até começar a soltar uma leve fumaça. Adicione o peixe à panela, com a pele para baixo e sele por 5 minutos, ou até a pele ficar crocante e dourada. Vire e sele

Muffins de mirtilo com geleia de limão

RENDE 12 MUFFINS

Mirtilos e limão. O paraíso!

- ✓ 2 xícaras de farinha de trigo
- ✓ 1 colher (chá) de fermento em pó
- ✓ ½ colher (chá) de sal
- ✓ 8 colheres (sopa) de manteiga sem sal e amolecida à temperatura ambiente
- ✓ 1 xícara de açúcar
- ✓ 2 ovos grandes
- ✓ 1 colher (chá) de extrato de baunilha
- ✓ ¼ xícara de creme de leite
- ✓ ¼ xícara de leite
- ✓ 1 colher (sopa) de raspas da casca de limão
- ✓ 1 ½ xícara de mirtilos
- ✓ 4 colheres (sopa) de geleia de limão

1. Preaqueça o forno a 190 °C.
2. Em uma tigela, misture a farinha peneirada, o fermento e o sal. Reserve.
3. Na tigela da batedeira, bata a manteiga e o açúcar em velocidade média até formar um creme. Adicione os ovos, um a um, e bata até incorporar. Junte a baunilha, o creme de leite, o leite e as raspas de limão e misture bem. Adicione os in-

Aquário ≈ 211

gredientes secos e misture até ficar completamente homogêneo. Junte os mirtilos.

4. Forre uma forma de muffin com 12 cavidades com papel-
-manteiga. Encha cada cavidade até a metade com a massa.
Coloque 1 colher (chá) de geleia de limão no centro e cubra
com a massa restante. Asse de 20 a 25 minutos, até dourar.

✳

Sopa cremosa de cenoura e coco
RENDE 8 PORÇÕES

*Se você tem crianças pequenas, este é um bom modo de fazê-las co-
mer cenoura. Eu costumava servir esta sopa na caneca para minha
filha, e ela sempre pedia mais.*

- ✓ 1 cebola grande picada
- ✓ 3 talos de aipo picados
- ✓ 3 alhos-porós, só a parte branca, sem os talos,
  cuidadosamente limpos e fatiados
- ✓ 1 colher (sopa) de gengibre fresco picado
- ✓ 1 colher (sopa) de azeite de oliva
- ✓ 900 g de cenouras baby
- ✓ 3 talos de capim-limão cortados no sentido do comprimento
  e abertos
- ✓ 6 xícaras de caldo de galinha
- ✓ 350 ml de leite de coco
- ✓ Sal e pimenta-do-reino moída na hora
- ✓ Crème fraîche para enfeitar

1. Em uma panela grande, amoleça no azeite a cebola, o aipo,
o alho-poró e o gengibre em fogo médio, por 5 minutos. Adi-

cione as cenouras, o capim-limão e o caldo de galinha. Deixe ferver, reduza o fogo e cozinhe por 20 minutos, ou até as cenouras ficarem macias. Retire a panela do fogo, remova e descarte o capim-limão. Adicione o leite de coco e deixe a sopa esfriar um pouco.

2. Transfira a sopa para o liquidificador e bata até obter uma consistência cremosa, trabalhando aos poucos. Volte a sopa para a panela, aqueça e tempere com sal e pimenta a gosto. Coloque em tigelas de servir e decore com o creme. Sirva imediatamente.

✳

Mix de nozes com pimenta-de-caiena
RENDE 8 XÍCARAS

Esta receita vai apimentar sua festa!

- ✓ 8 colheres (sopa) de manteiga sem sal
- ✓ ¾ xícara de açúcar mascavo
- ✓ 1 colher (sopa) de molho inglês
- ✓ 2 colheres (chá) de alho em pó
- ✓ ¼ colher (chá) de pimenta-de-caiena
- ✓ 1 colher (chá) de cominho em pó
- ✓ 1 colher (chá) de coentro em pó
- ✓ 1 colher (sopa) de sal marinho
- ✓ 2 xícaras de amêndoas inteiras
- ✓ 2 xícaras de castanhas de caju
- ✓ 2 xícaras de pecãs
- ✓ 2 xícaras de nozes

1. Preaqueça o forno a 120 °C.
2. Em uma panela de fundo grosso, misture a manteiga, o açúcar mascavo e o molho inglês. Adicione o alho em pó, a pimenta-de-caiena, o cominho, o coentro e o sal marinho e misture. Junte as nozes e cozinhe até dar uma leve tostada.
3. Transfira o mix de nozes para uma forma untada com óleo culinário em spray e espalhe-as em uma única camada. Asse por 30 ou 40 minutos, ou até dourarem.

Frango katsu
RENDE 4 PORÇÕES

Esta é a versão japonesa do frango frito de sua avó. Você nem vai sentir falta da pele do frango devido à crosta crocante!

Molho katsu
- ½ xícara de ketchup
- 2 colheres (sopa) de molho inglês
- 2 colheres (sopa) de açúcar
- 2 colheres (sopa) de tamari
- 2 colheres (sopa) de mirin
- 2 colheres (sopa) de saquê
- 2 dentes de alho finamente picados
- 2 colheres (chá) de gengibre sem casca e picado
- 1 cebolinha, apenas a parte branca, finamente picada

Frango
- 4 filés de peito de frango cortados ao meio
- 1 xícara de farinha de trigo

214 ✳ *Receitas dos astros*

- ✓ Sal e pimenta-do-reino moída na hora
- ✓ 4 ovos grandes
- ✓ 1 xícara de farinha de rosca
- ✓ 2 xícaras de óleo vegetal

1. Misture todos os ingredientes para o molho em uma panela e leve para ferver. Reduza o fogo e cozinhe até engrossar, cerca de 10 minutos. Retire do fogo, mas mantenha aquecido.
2. Preaqueça o forno a 150 °C.
3. Coloque o frango em um saco plástico do tipo ziploc e feche bem. Disponha o saco sobre uma tábua de cortar e, com um martelo, bata no frango até os pedaços ficarem com cerca de 2 cm de espessura.
4. Em uma tigela, misture a farinha, o sal e a pimenta. Em outra, bata os ovos. Em um terceiro recipiente, coloque a farinha de rosca. Passe os pedaços de frango na mistura de farinha de trigo, sal e pimenta, sacuda-os e depois passe pelos ovos batidos e na farinha de rosca.
5. Forre uma forma com papel-toalha. Em uma panela de fundo grosso, aqueça 1 xícara de óleo vegetal. Adicione os pedaços de frango, um pouco de cada vez, e deixe fritar até dourar, virando uma vez. Transfira os pedaços para a forma para que o excesso de óleo escorra. Unte uma forma antiaderente, disponha nela os pedaços de frango e leve ao forno para manter o prato aquecido. Continue o processo até que todos os pedaços estejam cozidos. Sirva o frango acompanhado do molho quente.

✳

Batatas-doces Molokai defumadas
RENDE 8 PORÇÕES

Amo a cor roxa das batatas-doces de Molokai ou Okinawa. Mas, se não estiverem disponíveis em sua região, esta receita funciona igualmente bem com qualquer outra variedade de batata-doce.

- 1 ½ kg de batatas-doces Molokai ou de Okinawa descascadas e cortadas em 4 partes
- 4 colheres (sopa) de manteiga sem sal
- ¾ xícara de creme de leite fresco
- 1 colher (chá) de fumaça líquida ou a gosto
- Sal e pimenta-do-reino moída na hora

1. Ferva uma panela grande de água. Adicione as batatas e cozinhe até ficarem macias, cerca de 30 minutos. Escorra.
2. Adicione a manteiga e a fumaça líquida às batatas e, com um mixer, bata em velocidade baixa. Então, adicione gradualmente o creme de leite até as batatas ficarem cremosas. Tempere com sal e pimenta a gosto. Transfira para uma tigela de servir.

Palmitos com queijo azul e bacon
RENDE 6 PORÇÕES

É uma ótima salada para servir para as garotas em um almoço.

Molho de queijo azul
- 170 g de queijo azul esfarelado
- ½ xícara de maionese

216 ✱ *Receitas dos astros*

- ✓ ½ xícara de buttermilk
- ✓ 1 colher (sopa) de suco de limão
- ✓ 1 ½ colher (sopa) de chalotas finamente picadas
- ✓ 1 dente de alho finamente picado
- ✓ Sal e pimenta-do-reino moída na hora

Salada

- ✓ 430 g de palmitos escorridos e lavados
- ✓ 2 miolos de alface-romana
- ✓ 1 tomate sem sementes e picado em cubinhos
- ✓ 6 a 8 fatias de bacon fritas até ficarem crocantes e esfareladas
- ✓ 4 ovos bem cozidos finamente picados

1. Em uma tigela, esmague o queijo azul com um garfo. Adicione as chalotas, o alho e o suco de limão e misture bem. Incorpore a maionese e o buttermilk. Tempere com sal e pimenta a gosto.
2. Coloque os palmitos em uma tigela e espalhe o molho sobre eles. Cubra e leve à geladeira por 24 horas.
3. Corte a alface-romana, coloque em uma saladeira grande e misture com o tomate. Retire os palmitos da tigela, reserve o molho e coloque-os em uma tábua de cortar. Corte os palmitos em rodelas de cerca de 1,5 cm e coloque na tigela de alface e tomate com o molho e misture bem. Divida igualmente em 6 pratos de servir e decore com o bacon e os ovos picados.

✱

Torta mousse de pistache

RENDE 6 TORTAS

Este mousse é de comer rezando, pois tem a cremosidade e a crocância exatas!

- ✓ 6 bases de torta de 15 cm de diâmetro (prontas ou preparadas em casa)
- ✓ 170 g de chocolate meio amargo picado
- ✓ 1 xícara de creme de leite fresco
- ✓ 1 xícara de açúcar de confeiteiro
- ✓ 2 colheres (chá) de extrato de pistache
- ✓ 230 g de queijo mascarpone
- ✓ 1 xícara de pistaches moídos

1. Derreta o chocolate em banho-maria. Com um pincel de confeitar, pincele o chocolate nas laterais e no fundo das torta na espessura desejada. Leve à geladeira para endurecer.
2. Na tigela da batedeira, misture o creme de leite fresco até formar picos. Adicione o açúcar e o extrato de pistache e continue batendo até formar picos firmes.
3. Em uma tigela separada, bata o queijo mascarpone até ficar macio. Misture-o ao creme e adicione cuidadosamente os pistaches.
4. Transfira a mistura para um saco plástico e feche bem. Corte uma das pontas para formar um saco de confeitar. Retire as tortas da geladeira e coloque um pouco de creme em cada uma. Depois de cheias, refrigere-as de 2 a 4 horas, ou até ficarem firmes.

Peixes

20 de fevereiro a 20 de março

ALIMENTOS PARA AUMENTAR A IMUNIDADE

Todos estes alimentos foram cuidadosamente selecionados para peixes, que é o signo que rege o sistema imunológico. Peixes é o signo místico do zodíaco, cheio de simpatia por todas as criaturas do mundo. Sentem muita empatia e, algumas vezes, tomam para si os problemas daqueles que os rodeiam, como se desse modo fossem tirar a dor do mundo. Isso pode acabar com a imunidade, então peixes, assim como qualquer outro signo, pode melhorar seu sistema imunológico com estes alimentos.

Símbolo: dois peixes
Planeta regente: Netuno
Parte do corpo regida: sistema imunológico
Casa regida no zodíaco: décima segunda, a casa dos finais, do inconsciente coletivo, dos segredos, da espiritualidade

Elemento: água
Cor: verde-água
Pedra: água-marinha
Frase-síntese: eu acredito
Característica pessoal: compaixão
Qualidade: mutável

Peixes e seu planeta regente, Netuno, governam a décima segunda casa, a da espiritualidade, do inconsciente e dos segredos. Esse signo místico tem um pé em cada mundo, o material e o divino (espiritual); então piscianos podem ser sonhadores, nunca estando totalmente engajados em sua existência humana. Isso também faz deles seres compassivos e sensíveis. Nativos de peixes são mais intuitivos e psíquicos do que os de qualquer outro signo e usam essa habilidade para se comunicar, não apenas com aqueles ao redor no plano terrestre, mas também com os do reino ilusório.

Apesar de isso soar como se os nativos de peixes não ficassem muito em contato com a realidade, perdidos no que é imaginário, isso não é verdade. Ilusões e fenômenos paranormais são alusões a coisas que não existem, assustadoras ou que se manifestam na escuridão da noite. Mas, apenas porque olhos "normais" não conseguem ver algo, não significa que ele não esteja ali ou que venha do reino das trevas. Assim como no deficiente visual, em que outros sentidos se tornam mais aguçados e ele "vê", os nativos de peixes têm os olhos para ver o que outros signos não veem, olhos psíquicos que perfuram o véu entre os céus e a terra.

Enquanto mantiverem um pé no chão, permanecerão fiéis a essa voz interior, capazes de inspirar os outros sem perder a si mesmos. Essa é a sua verdadeira alegria.

219

PEIXES NA COZINHA

O anfitrião nativo do signo de peixes trará uma abordagem sobrenatural os seus jantares. Esse é o signo do zodíaco que procura diversão, que vai tirar sua felicidade de sua relação com a comida. Piscianos têm senso de aventura quando se trata de sua cozinha, uma vez que utilizam toda a sua criatividade e talento artístico para agradar a seus convidados, assim como a seu próprio bem-estar interior. Não há outra maneira de os nativos de peixes demonstrarem o apreço que sentem por seus amigos.

Você pode esperar que a comida preparada por seu anfitrião ou anfitriã de peixes aqueça os recantos mais escondidos de seu coração e tenha qualidade etérea, diferente de qualquer coisa que você já tenha provado. O evento será cercado de misticismo e ilusão. Não se surpreenda se a noite for coroada com um entretenimento especial – um ilusionista fazendo truques mágicos antes de desaparecer em uma nuvem de fumaça!

CONVIDADOS DE PEIXES

Seus amigos piscianos são convidados incríveis, se você conseguir tirá-los das nuvens, o que não deve ser muito difícil se lhes prometer uma refeição com algo que venha do mar, como caranguejo fresco. Eles adoram pratos principais que nadam, não que estejam literalmente nadando quando servidos, mas que tenham vivido sob a superfície da água! Os nativos de peixes têm a capacidade de inspirar aqueles ao seu redor apenas com sua presença. Então, se houver um ou dois convidados piscianos em sua lista, a noite será uma combinação de um seminário sobre crescimento pessoal por osmose e um jantar magnífico.

Sendo um signo de água, os nativos de peixes amam o verde--claro do mar. Caso você tenha uma elegante louça de porcelana nesse tom escondida no armário, certifique-se de usá-la. Caso não tenha, não se preocupe, é só usar a toalha de mesa em um dos vários tons dessa cor calmante. Flores exóticas, especialmente lírios-d'água, flutuando em taças de cristal dão o toque final para uma bela mesa.

Espetáculos, aromas e sons, todas as coisas que podem assaltar os sentidos são as mais atraentes e apreciadas pelos piscianos. Melhore as cores do prato principal decorando-o com brilhantes limões amarelos, salsa e especiarias coloridas. Ainda que os outros torçam o nariz para o aroma de caranguejo ou de outros frutos do mar flutuando pela sala, pense que os nativos de peixes se sentirão no paraíso. Ponha para tocar uma reconfortante música clássica, como o CD de Pachelbel Canon com sons do oceano, e seu convidado pisciano pode nunca mais querer ir embora.

PRINCIPAIS ALIMENTOS PARA AUMENTAR A IMUNIDADE DE PEIXES

Todos estes alimentos são ótimos para os piscianos e para o sistema imunológico, mas todos os signos se beneficiarão das propriedades que melhoram a imunidade.

Pimenta chipotle (jalapeño defumada). A capsaicina, presente nas pimentas chipotle, possui propriedades que estimulam e melhoram o sistema imunológico. Apresenta doses de vitaminas A e C e é antimicrobiana, o que também ajuda na defesa da imunidade e auxilia o organismo no combate a infecções.

Os nativos de peixes devem manter um suprimento de pimentas chipotle à mão, ou, algumas vezes na semana, pedir autênticos pratos mexicanos, que contêm grandes quantidades dessa pimenta, para manter distante o vírus da gripe.

Milho. Os fitonutrientes do milho são fundamentais para estabelecer um forte sistema imunológico e reconstruir células prejudicadas pelos radicais livres. Eles contêm altas doses de vitamina C, que também melhora a imunidade. Comer milho algumas vezes por semana beneficiará os nativos de peixes. Milho na espiga grelhado é uma forma segura de fazer o pisciano feliz, especialmente se servido com algum fruto do mar grelhado, para assim apaziguar o amor desse signo pelas coisas marinhas.

Caranguejo. Rico em zinco e selênio, minerais que trabalham lado a lado com a vitamina E, o caranguejo funciona como antioxidante na ajuda ao sistema imunológico. Isso é duplamente significativo para os nativos de peixes, pois não são propensos apenas às infecções virais, são igualmente propensos a sofrer lesões nos pés, que podem se transformar em desagradáveis feridas. Nada do que você faça vai impedir um pisciano de manter pelo menos um de seus pezinhos no chão, então o caranguejo deve fazer maravilhas em ambas as áreas.

Cominho. Rico em vitaminas A e C e ferro, o cominho com certeza melhora o sistema imunológico dos piscianos. Naturalmente, desinfeta e protege o corpo, pois tem grande quantidade de óleos essenciais. É uma das especiarias mais utilizadas na Índia, um país muito místico e espiritual. O cominho é o tempero perfeito para afastar qualquer ataque à imunidade desse signo espiritual.

Iogurte grego. O iogurte grego contém probióticos, bactérias boas que auxiliam o organismo na prevenção de doenças. Comer iogurte todos os dias é, possivelmente, uma das melhores coisas para ajudar o sistema imunológico a erradicar vírus e germes, mantendo assim o pisciano livre de doenças. Ele ainda contém mais proteínas que outros tipos de iogurte. Uma vez que os nativos de peixes podem ter a cabeça nas nuvens de forma mais acentuada que os nativos dos demais signos, é possível que não percebam que correm risco até que um desses invasores se apodere de seu corpo. Todos os outros signos devem seguir a dica dos piscianos e aprender a gostar de iogurte.

Cordeiro. Uma porção de 85 g de cordeiro contém zinco, selênio, vitaminas B3 e B12 e ômega 3, ácidos graxos, bem como proteínas. Zinco e selênio são excelentes para a imunidade. Por também ser rico em triptofano, responsável pelo sono, o cordeiro pode ser exatamente o que peixes precisa para garantir o descanso necessário para a recuperação de seu sistema imunológico. Vitaminas do complexo B fornecem energia para o exercício, o que também vai ajudar os piscianos a manter longe esses vírus desagradáveis.

Xarope de bordo. Esse adoçante natural é rico em zinco, manganês e antioxidantes, que protegem o sistema imunológico, ajudando as células brancas do sangue. É perfeito para peixes e para qualquer um dos outros signos que possa ter a imunidade comprometida. Todos deveriam optar pelo xarope de bordo quando precisam fazer uso de adoçante.

Aveia. Rica em manganês, a aveia aumenta a imunidade e turbina a resposta do organismo às infecções. Suas propriedades antioxidantes são um bônus para os piscianos. A aveia é uma sugestão de café da manhã saudável para todos os signos. Mas, quando o pisciano despeja algumas colheres de chá de xarope de bordo sobre seu mingau de aveia, dobra a proteção contra todos aqueles vírus da gripe prestes a atacá-lo.

✳

Pão de milho e queijo picante
RENDE 12 PORÇÕES

Faço este pão com meu chili, mas sozinho já é excelente assim que sai da forma.

- ✓ 1 ½ xícara de fubá
- ✓ 1 ½ xícara de farinha de trigo
- ✓ 1 colher (chá) de bicarbonato de sódio
- ✓ 2 colheres (chá) de fermento em pó
- ✓ 2 colheres (sopa) de açúcar
- ✓ 2 colheres (chá) de sal
- ✓ 3 ovos grandes
- ✓ 2 xícaras de buttermilk
- ✓ ½ xícara de óleo de canola
- ✓ 1 xícara de queijo colby jack ralado (se não encontrar, substituir por queijo gouda)
- ✓ 110 g de chilis verdes cortados em cubos
- ✓ 1 xícara de milho branco descongelado escorrido

1. Preaqueça o forno a 190 °C.
2. Unte uma forma de 33 x 22 x 5 cm com óleo culinário em spray. Em uma tigela média, misture bem todos os ingredientes secos.

3. Em outro recipiente, bata os ovos, o buttermilk e o óleo de canola. Adicione os ingredientes secos à mistura úmida e mexa. Adicione o queijo, os chilis e o milho branco e mexa até incorporar. Espalhe a massa de maneira uniforme na forma untada. Asse de 30 a 35 minutos, ou até dourar.

✳

Bolinhos de caranguejo com julienne de manga e aioli de pimentão vermelho
RENDE 4 PORÇÕES

Coloquei um diferencial surpresa no bolinho de caranguejo ao adicionar capim-limão. Ficou muito cheiroso e combinou muito bem!

Bolinhos de caranguejo
- ✓ 2 colheres (sopa) de azeite
- ✓ ¼ xícara de chalotas picadas
- ✓ ½ xícara de pimentão vermelho sem pele e sem sementes, cortado em cubinhos
- ✓ 1 talo de aipo cortado em cubinhos
- ✓ 1 colher (sopa) de capim-limão picado
- ✓ 450 g de carne de caranguejo limpa e sem a casca
- ✓ 3 xícaras de farinha de rosca
- ✓ ¼ xícara de maionese
- ✓ 1 ovo grande batido
- ✓ Suco de 1 limão
- ✓ ¼ xícara de coentro picado
- ✓ Sal e pimenta-do-reino moída na hora

Aioli

- ✓ 2 colheres (sopa) de azeite
- ✓ 1 colher (chá) de alho picado
- ✓ 1 pimentão vermelho assado picado
- ✓ ½ xícara de folhas de manjericão fresco
- ✓ 1 xícara de maionese
- ✓ 2 xícaras de óleo vegetal
- ✓ 1 manga descascada, sem o caroço e cortada à julienne para decorar

1. Em uma panela, aqueça 2 colheres (sopa) de azeite em fogo médio-alto. Adicione as chalotas, o pimentão, o aipo e o capim-limão e salteie por 5 minutos, ou até os vegetais ficarem macios. Retire do fogo e deixe esfriar.

2. Em uma tigela grande, misture a carne de caranguejo, 1 xícara de farinha de rosca, a maionese, o ovo, 1 colher (sopa) do suco de limão e o coentro. Adicione os vegetais frios e incorpore-os na mistura de carne de caranguejo. Tempere com sal e pimenta a gosto. Faça bolinhas do tamanho de uma bola de golfe com a massa. Passe-as pelo restante da farinha de rosca. Coloque as bolinhas em um recipiente, cubra e deixe no congelador por 30 minutos.

3. Enquanto isso, prepare o molho aioli e a decoração. Em uma panela, aqueça o azeite em fogo médio-alto. Adicione o alho e refogue por 1 minuto. Adicione o pimentão assado e o manjericão e refogue por mais 1 minuto. Retire do fogo e deixe esfriar.

4. No processador de alimentos, misture 1 xícara de maionese, o suco de limão restante e a mistura de pimentão assado. Pulse até obter uma consistência suave. Retire o aioli do processador, cubra e leve à geladeira.

5. Preaqueça o forno a 150 °C.
6. Forre uma forma com papel-toalha. Faça rissoles com as bolinhas; será muito mais fácil de trabalhar com elas quando saírem do congelador. Em uma frigideira grande, aqueça o óleo vegetal em fogo médio. Quando estiver quente, frite os bolinhos de caranguejo até dourar os dois lados, por cerca de 5 minutos.
7. Transfira os bolinhos para a forma forrada para que o excesso de óleo seja absorvido, em seguida transfira-os para outro recipiente e mantenha-os no forno para permanecerem aquecidos até todos estarem fritos. Sirva-os com aioli de pimentão vermelho e decore com a manga cortada à julienne.

✳

Pernil de cordeiro em crosta de ervas
RENDE 8 PORÇÕES

Sirva com o Molho tzatziki e com as Batatas assadas com cipollini e cominho (receitas seguintes).

- ✓ 1 pernil de cordeiro de mais ou menos 2,5 kg
- ✓ ½ xícara de alho fresco
- ✓ ½ xícara de folhas de alecrim fresco
- ✓ ½ xícara de folhas de tomilho fresco
- ✓ ¼ xícara de suco fresco de limão
- ✓ ½ xícara de azeite de oliva
- ✓ 1 colher (sopa) de sal marinho
- ✓ 2 colheres (chá) de pimenta-do-reino moída na hora

1. Adicione o alho, o alecrim, o tomilho, o suco de limão, o azeite de oliva, o sal e a pimenta na tigela do processador. Pulse

228 ✳ Receitas dos astros

até a mistura ficar com consistência de pasta. Passe-a sobre o pernil de cordeiro até cobrir completamente. Cubra e refrigere por 24 horas.

2. Preaqueça o forno a 230 °C.

3. Coloque o cordeiro em uma forma para assar. Deixe-o dourar na temperatura alta, durante 20 minutos. Então, reduza a temperatura do forno para 160 °C e continue assando por mais 1 hora, ou até a temperatura interna da carne ser de 60 °C. Transfira o pernil de cordeiro da forma para uma tábua de corte. Deixe descansar por 15 minutos antes de fatiar. Sirva com Molho tzatziki (receita à página 229).

✳

Batatas assadas com cipollini e cominho
RENDE 8 PORÇÕES

Uma enorme combinação de sabores!

- ✓ 1,5 kg de batatas cortadas em 4 partes
- ✓ 450 g de cebolas cipollini cortadas em meias-luas (se não encontrar, substituir por minicebolas regulares)
- ✓ 4 colheres (sopa) de azeite de oliva
- ✓ 1 colher (sopa) de cominho em pó
- ✓ ¼ xícara de orégano fresco picado
- ✓ 1 colher (sopa) de tomilho fresco picado
- ✓ Sal marinho
- ✓ Pimenta-do-reino moída na hora

1. Preaqueça o forno a 200 °C. Unte uma forma com óleo culinário em spray.

2. Em uma tigela grande, misture as batatas, as cebolas, o azeite, o cominho, orégano e o tomilho. Tempere com sal e pimenta a gosto. Na forma, espalhe as batatas e as cebolas de maneira uniforme e asse de 50 a 60 minutos, ou até as batatas e as cebolas ficarem douradas e macias. Vire as batatas e as cebolas com uma espátula várias vezes.

*

Molho tzatziki
RENDE 4 XÍCARAS

Minha vizinha é grega e compartilhou sua receita de família! Ele se tornou um dos meus favoritos!

- ✓ 1 litro de iogurte grego
- ✓ 1 xícara de creme de leite
- ✓ 1 pepino descascado, sem sementes e finamente fatiado
- ✓ 3 dentes de alho picados
- ✓ 2 colheres (sopa) de azeite
- ✓ 1 colher (sopa) de suco de limão espremido na hora
- ✓ ½ xícara de hortelã fresco picado
- ✓ Sal e pimenta-do-reino moída na hora

Misture todos os ingredientes para o molho em uma tigela média. Cubra e leve à geladeira por pelo menos 1 hora.

*

Chili de feijão-branco com chipotle e frango grelhado

RENDE 8 PORÇÕES

Sirva com o delicioso Pão de milho (p. 224). É muito bom!

- ✓ 900 g de tomates-cereja cortados em 4 partes
- ✓ 6 colheres (sopa) de azeite de oliva
- ✓ Sal marinho
- ✓ 1 colher (sopa) de alho fresco picado
- ✓ 2 cebolas amarelas cortadas em cubos médios
- ✓ ½ pimentão vermelho sem sementes e sem pele, cortado em cubos médios
- ✓ ½ pimentão amarelo sem sementes e sem pele, cortado em cubos médios
- ✓ 1 pimenta chili sem sementes e sem pele, picada
- ✓ 450 g de carne de porco moída
- ✓ 4 filés de peito de frango grelhados e picados
- ✓ ½ pimenta chipotle picada, mais 2 colheres (sopa) de molho adobo (se não encontrar, substituir por molho de pimenta)
- ✓ 1 colher (sopa) de pimenta chili em pó
- ✓ 1 colher (sopa) de cominho em pó
- ✓ 1 colher (chá) de canela em pó
- ✓ 2 colheres (chá) de orégano seco
- ✓ 1 garrafa de cerveja Sierra Nevada Pale Ale
- ✓ 860 g de feijão-branco em lata escorrido e lavado, ou 4 xícaras de feijão cozido e escorrido
- ✓ 2 xícaras de caldo de galinha
- ✓ 2 xícaras de queijo monterey jack ralado
- ✓ 1 xícara de creme azedo
- ✓ 1 xícara de cebolinhas fatiadas

Peixes ⚓ 231

1. Preaqueça o forno a 200 °C.
2. Em uma tigela, junte os tomates com 4 colheres (sopa) de azeite de oliva e o sal. Unte uma forma com óleo culinário em spray. Transfira os tomates para a forma e asse por 30 minutos. Retire do forno e deixe esfriar.
3. Em uma panela de fundo grosso, aqueça as 2 colheres (sopa) de azeite de oliva restantes. Adicione o alho, a cebola, o pimentão, e a pimenta e refogue por 5 minutos. Junte a carne de porco moída, soltando-a com um garfo, e cozinhe até dourar, por aproximadamente 10 minutos. Adicione o frango, a chipotle, o molho adobo, a pimenta em pó, o cominho, a canela e o orégano e misture bem. Adicione a cerveja, os tomates assados, o feijão e o caldo de galinha e continue mexendo até misturar bem.
4. Espere levantar fervura, reduza o fogo, tampe e cozinhe por 1 hora. Tempere com sal e pimenta a gosto e deixe cozinhar, destampado, por 30 minutos. Sirva o chili quente decorado com o queijo, o creme azedo e a cebolinha fatiada.

✳

Cupcakes de buttermilk com creme de xarope de bordo e bacon
RENDE 12 CUPCAKES

Minha filha trabalhou em uma famosa loja de cupcakes em Los Angeles no último verão e pediu para que eu criasse uma versão de um de seus sabores favoritos.

Cupcakes de buttermilk
- ✓ 1 ½ xícara de farinha de trigo
- ✓ ½ colher (chá) de fermento em pó

232 ✳ *Receitas dos astros*

- ✓ ¼ colher (chá) de bicarbonato de sódio
- ✓ ¼ colher (chá) de sal
- ✓ 8 colheres (sopa) de manteiga sem sal amolecida à temperatura ambiente
- ✓ ½ xícara de açúcar mascavo
- ✓ ¼ xícara de xarope de bordo
- ✓ 3 ovos grandes
- ✓ ¼ xícara de óleo vegetal
- ✓ 1 colher (chá) de extrato de baunilha
- ✓ ½ xícara de buttermilk

Creme de xarope de bordo
- ✓ 8 colheres de manteiga sem sal amolecida
- ✓ 2 xícaras de açúcar de confeiteiro
- ✓ 1 colher (chá) de extrato de bordo
- ✓ 1 colher de sopa de leite integral
- ✓ 6 fatias de bacon frito crocante esfareladas

1. Preaqueça o forno a 160 °C.
2. Forre uma forma de muffins com 12 cavidades com papel--manteiga. Em uma tigela, peneire todos os ingredientes secos juntos. Na tigela da batedeira, bata a manteiga e o açúcar na velocidade alta até formar um creme macio. Reduza a velocidade para baixa e adicione o xarope de bordo e os ovos, um de cada vez. Raspe a lateral da tigela com uma espátula, adicione o óleo vegetal e a baunilha e continue misturando até ficar homogêneo.
3. Adicione metade da mistura seca e metade do buttermilk e continue batendo em velocidade baixa. Então, adicione o restante da mistura seca e do buttermilk. Não mexa muito.

4. Divida a massa de maneira uniforme entre as 12 cavidades da forma. Asse de 20 a 25 minutos, ou até que um palito saia limpo quando inserido no centro do cupcake. Retire do forno e transfira os cupcakes para uma grade para esfriar.
5. Para o creme, na tigela da batedeira, bata a manteiga até ficar cremosa. Aos poucos, adicione o açúcar, raspando as laterais da tigela. Adicione o extrato de bordo e continue misturando. Junte um pouco de leite para diluir a consistência. Cubra cada cupcake com esse creme e decore com o bacon esfarelado.

✳

Biscoitos de aveia com cerejas secas e chips de chocolate branco

RENDE 3 DÚZIAS

Sempre amei aveia, mas nunca gostei de passas. Então, eu as substituí por cerejas secas e voilà!

- ✓ 16 colheres (sopa) de manteiga sem sal amolecida à temperatura ambiente
- ✓ 1 xícara de açúcar granulado
- ✓ ½ xícara de açúcar mascavo claro
- ✓ 2 ovos grandes
- ✓ 2 colheres (chá) de extrato de baunilha
- ✓ 1 ½ xícara de farinha de trigo
- ✓ 1 colher (chá) de bicarbonato de sódio
- ✓ ½ colher (chá) de sal
- ✓ 2 ½ xícaras de farelo de aveia
- ✓ 1 xícara de cerejas secas
- ✓ 1 xícara de chips de chocolate branco

234 ⁕ *Receitas dos astros*

1. Preaqueça o forno a 180 °C.
2. Na batedeira, misture a manteiga com o açúcar granulado e o açúcar mascavo até obter uma mistura fofa. Adicione os ovos, um por vez, e depois a baunilha.
3. Em uma tigela separada, misture a farinha, o bicarbonato de sódio e o sal. Com a batedeira em velocidade baixa, misture os ingredientes secos aos líquidos. Retire a tigela da batedeira e misture o farelo de aveia, a cereja e os chips de chocolate branco até incorporar.
4. Com uma colher de sorvete ou a medida de uma colher (sopa), coloque porções da massa em uma forma de biscoitos deixando um espaço de 5 cm entre elas. Asse de 9 a 11 minutos, até os biscoitos ficarem dourados. Transfira-os para uma grade para esfriar.

Índice

Acelga chinesa refogada com pimentões vermelhos e shimeji-preto, 124
Arroz butanês (arroz vermelho), 202
Aspargos grelhados com azeite de trufas negras, 158
Batatas assadas com cipollini e cominho, 228
Batatas-doces Molokai defumadas, 215
Biscoitos amanteigados de gengibre e chocolate, 163
Biscoitos de aveia com cerejas secas e chips de chocolate branco, 233
Biscoitos de coco com cobertura de chocolate, 180
Biscoitos de lavanda e raspas de limão, 129
Biscoitos de melado, 197
Bolinhos de caranguejo com julienne de manga e aioli de pimentão vermelho, 225
Bolo de amêndoas com peras caramelizadas e mascarpone, 106
Burrata quente sobre assado de tomates e manjericão com molho de azeite de oliva e balsâmico, 141
Camarão apimentado com miolo de alface-romana e molho cremoso de abacate, 59
Camarão com nozes caramelizadas, 43
Camarão em crosta de coco e macadâmia com molho rosé e maracujá, 151
Carpaccio de beterraba e agrião com vinagrete de xerez, 95
Caviar festivo para dois, 159

Chili de feijão-branco com chipotle e frango grelhado, 230
Cobertura de canela, 180
Contrafilé grelhado com cogumelos portobello e molho de raiz-forte, 126
Cookies de chocolate com nibs de cacau, 36
Costeleta de cordeiro em crosta de alecrim, 41
Couve-flor e cebola maui gratinadas com queijo gouda defumado, 143
Couves-de-bruxelas marinadas e assadas, 71
Crème brûlée de matcha, 40
Creme de chocolate ao rum, 161
Cupcakes de abóbora e especiarias com cobertura de cream cheese e gengibre caramelizado, 131
Cupcakes de buttermilk com creme de xarope de bordo e bacon, 231
Cupcakes de morango e pétalas de rosas com cobertura cremosa de manteiga, 167
Dourado grelhado com bechamel de gengibre e laranja, 74
Enrolados de figo e panceta com gorgonzola, 162
Espetinhos de frango ao mel à moda asiática, 164
Filés ao café Kona com vinagrete, coentro e limão, 37
Filés de onaga em crosta de coco (crosta havaiana) com molho de goiaba, 56
Frango à milanesa em crosta de orégano, 80

235

236 ＊ *Receitas dos astros*

Frango katsu, 213
Frango teriyaki grelhado com molho de abacaxi manga, 92
Frigideira de robalo marinado no missô, 209
Fritada de alho-poró, batata, cogumelos selvagens e queijo fontina, 91
Fritada de espinafre e queijo feta, 199
Fusilli com molho cremoso de pimentão assado e linguiça italiana, 149
Guacamole de lagosta, 177
Homus de coração de alcachofra, 39
Lentilhas verdes e ensopado de legumes assados, 128
Linguado em crosta de pesto com tomate, azeitona e picles de alcaparra, 182
Lombo de porco assado com maçãs cozidas e cravos, 196
Maçã crocante à moda, 176
Macarrão arrabbiata com camarão, rúcula e grana padano, 184
Macarrão orecchiette com brócolis e pecorino, 125
Macarrão penne com queijo e lagosta, 110
Martíni de gengibre, abacaxi e chá-verde, 89
Melancia com raspas de cebola maui e limão, 96
Mix de nozes com pimenta-de-caiena, 212
Molho tzatziki, 229
Muffins de abóbora com sementes, 198
Muffins de mirtilo com geleia de limão, 210
Napoleon de tomate e muçarela de búfala, 116
Ostras em meia concha com molho mignonette, 165
Palmitos com queijo azul e bacon, 215
Panna cotta com purê de framboesa, 79
Panquecas de fubá com mirtilos e creme azedo, 76
Pão de abobrinha com castanhas-do-pará tostadas, 53
Pão de banana da Madelyn, 193
Pão de milho e queijo picante , 224
Papaia recheado com ceviche de camarão, 115
Pargo-rosa recheado com caranguejo ao molho bordelaise de lagosta, 111
Peito de peru assado com tomilho-limão e abóbora-menina, 133
Pernil de cordeiro em crosta de ervas, 227

Pilafe de arroz selvagem e abóbora, 63
Polenta cremosa com ragu de feijão-preto, 108
Pot de crème butterscotch com sal marinho Celtic, 54
Purê de batatas e alho assado com cebolas caramelizadas e bacon, 146
Ragu de feijão-branco com camarão grelhado com alecrim, 72
Risoto de cogumelo selvagem, 57
Risoto de orzo com limão meyer, 183
Rolinhos primavera de frango e repolho com vinagrete de gengibre e pimenta, 194
Salada de cereja grelhada e rúcula com queijo cambozola, 144
Salada de melão cantaloupe, tomate e manjericão com queijo feta, 75
Salada de rabanete, tomate e alface-americana com camarões e queijo azul, 94
Salada de raspas de erva-doce, laranja sanguínea e baby rúcula, 90
Salada de repolho e alga arame com vinagrete de gengibre e gergelim, 52
Salada de tomate e pepino com orégano fresco, 78
Salada fria de macarrão soba com tofu e vinagrete de gergelim, 88
Salada quente de acelga, cogumelos portobello e panceta, 61
Salada quente de beterrabas baby sobre cogumelos portobello grelhados e brie, 178
Salmão selvagem em tábua de cedro com molho de milho e abacate, 42
Scones de oxicoco e pistache, 145
Sopa cremosa de cebola, 148
Sopa cremosa de cenoura e coco, 211
Sopa de ervilha seca com panceta assada, 132
Tartare de atum-amarelo sobre wonton com crème fraîche de wasabi e ovas de peixe-voador, 104
Tofu frito puxado no alho, 201
Torta mousse de pistache, 217
Vieiras com manteiga de açafrão, 113
Vitamina de açaí, 35